内観法はなぜ効くか

自己洞察の科学

〔第３版〕

波多野二三彦　著

信　山　社

第三版 序 文

第三版では次のような項目について増補を試みました。

第一。内観法は「記憶の再構成」という超現代的で人間学的な独特の心理技法をその根幹原理としています。この根幹原理につきまして今回、さらに詳細な説明を試みました（五七頁以下）。なおこれに関連し、巻末の一節に「自分探しの内観」（二八四頁以下）を新設しました。

第二。「ウソと盗み」のテーマ（対照群）の意義をさらに掘り下げて検討しました（七四頁以下）。

第三。内観者を合掌礼拝しつつ接近し面接するという内観面接技法の意義を、精神分析学でいう抵抗操作の観点から観察しますと、この内観技法には自己改革についての恐れとか不安という、心の抵抗を徹底操作し排除することを狙いにした効果があり、これが他の心理療法に比べ、比較を絶するほどの成果を上げ得る大きな要因になることが強く推定されます（九〇頁以下）。

第四。退行とその反転の意義につき、理論と実際に生起する心理事象を、紹介しました（一〇八頁以下）。

第五。共感概念の重要性に鑑み、具体的な事例をあげ、さらに説明を補充しました（一三〇頁以下）。

第六。「内観心像」は自己を自己に投影する反射鏡としての特質をもちます。さらにそれが作られた瞬間から、臨床心理の素人である内観者各自は、心理専門家の手をかりなくても、おのずから心像の意味がすべて理解できるのです。そのために内観者は大きな感動と達成感を獲得できるという特質があります。その他にも内観心像には多くの特質があり、それらはユング心理学やその他の心理療法で取り扱う心像概念だけでは覆い尽くせないものです。内観法はその点でもあらゆる心理療法の中にあって、究極の心理技法だといえそうです（一三九〜一四九頁以下）。

第七。内観で発生する劇的な自己洞察・自己改革の効果は、しばしば人の一生にわたって持続します。なぜそのような永続効果が発生するかといいますと、内観三項目というパターン化した記憶想起法が三日程度高頻度に反復されますと、大脳神経シナプスが形態変化し、その接続面積の増加が長年月にわたって持続するからです。そのことを大脳生理学の成書から引用した図形を用い、改めて分かりやすくご説明しました（二一〇〜二一一頁以下）。

第八。鳥取大学医学部付属病院で試みられた、一〇例のうつ病に対する内観療法の適用とその効果を付け加えました（二三五頁以下）。従来内観療法は病人をペシミスティックにするだろうと思われていましたから、うつ病は内観では禁忌の病態として適用が回避されていたものです。それが最近になって精神医療面で克服されたことの意義は決して小さくないと思います。

平成一二年（二〇〇〇年）八月

著　者

初版　まえがき

一九九五年三月、オウム真理教の信者H君たちによって東京の地下鉄にサリンという劇毒物が撒かれ、一二名の人が死亡し約三、八〇〇人の人びとが傷害をうけました。

その約二ヵ月後に東京西巣鴨の大正大学カウンセリング研究所（大学院）で、第一八回日本内観学会大会が行われました。わたくしはその数年前、当時日本内観学会会長であり東京大学臨床心理学の教授だった村瀬孝雄先生のご推挙でこの大学院で講師として学生たちにしばらくカウンセリングや内観法を教えたことがありました。そんな懐かしさもありましたので、この内観学会大会に出席し、犯罪者の内観というテーマでお話ししました。

わたくしの発表が終わったとたん、フロアーにいた参加者の一人が、「オウム真理教の信者たちのマインドコントロールを解くということについて内観法はどれだけの効果があるのか」という質問をしました。わたくしはその点については研究したことがありませんでしたので、よく分かりませんと答えました。

するとさらにもう一人のフロアーの方から、「オウム犯罪者のもつ強固なマインドコントロールを何らかの方法で解くことなしには、改善とか教育そのものが始まらないのではないか。内観を学問的に研究されている先生のような方に、内観法が果たしてマインドコントロールに拮抗する効力があるのかどうか、改めて研究してもらいたい」と重ねて発言がありました。

発表を終えて大学のキャンパスを歩いていましたら、青山学院大学の石井光教授（刑事学）がわたくしを追っかけて来ました。そして「わたしの高校時代のH君という同級生が地下鉄サリン事件に関与しています。できれば彼に内観の動機づけをしていただきたい」といいました。

東京から岡山に帰る新幹線の車中でわたくしはじっと考えました。二度ならず三度も同じ趣旨の質問やお願いをされた。これはただごとではない。成功するかどうかわからないけど、ここまで人びとから期待されているんだったらやってみようと決心し、当時H君が拘置されていた丸の内警察署で彼に面会し、内観法の資料を差し入れつつ四回、七時間にわたって内観導入を試みました。接見禁止を受け、犯罪行為について取り調べを受けている被告人に内観の動機づけのために会うとか、まして書類を被告人に手渡すことはとても難しいことです。十分に意を尽くさないうちにH君からもう終りにしてほしいという謙虚な意志表明がありました。遠く岡山から何度でも通ってくるわたしの無償の労力をおもんぱかってのことだったでありましょうか。

H君がオウム真理教の麻原教祖のことを「尊師」と呼んでいたそのような時期に面接し、そのマインドコントロールを解こうとすることは、わたくしにとりましては実に重たい仕事でした。それは不本意にも中途半端な結末で終りました。しかしH君のその後の悔悟反省につきましては、新聞やテレビ等の伝えるとおりです。

人間の歴史をひもといてみますと、自分が自分を知るということは、たいへん難しい大事業であることがわかります。現代は不確定・不透明・混沌の時代だといわれ、「自分さがし」ということが流行語になるような時代です。

思えば人類は自らのもつ大脳の可塑性という底の知れない可能性をみずから開発する具体的な技法も知らず、自己を失ってさまよい、悩み、絶望を繰り返してきました。わたくしたちの自我は慢性的に肥大し膨満し、自己を偽りつづけています。重たく悲しいこうした悲劇体験の集積は、おそらく有史以前からわたくしどもの遺伝子の中に深く刻み込まれているように思えます。内観法原理の基底部にはこのように、恥多い人間本性をしかと見据え、精神病者とか犯罪者のひとりひとりを拝むこころで穏やかに接近するというたぐいまれな教育哲学がその技法にしかと組み込まれています。

内観法の創始者である吉本伊信は内観法という精神心理技法の中に、内観者を心で拝みつつ近づくという、優しさと穏やかさと静けさと宗教的敬虔の香りさえする技法をおいています。このような宗教的敬虔は内観法の本質部分をかたちづくるものです。

現在内観法は非行少年に対する効果的な矯正教育技法の一技法として、ほとんど全国の少年院で熱心に実施されています。それだけでなく登校拒否や各種の心身症、神経症、アルコール症、精神分裂病、うつ病などの治療のため、医療機関にも徐々に浸透し拡大されてきました。

このような今日の内観実践の盛況にもかかわりませず、内観法が効くというのはどういう意味か。その治癒機序は何か。なぜその効果が永続するのか。というような内観法の根本原理は今日全く解明されていません。そのような内観法の根本原理の序論とでもいうべきものが本書です。

最後に、たえず私に寄り添い、なにくれとなくご指導くださった前田宏矯正協会会長、大村裕九州大学名誉教授（大脳生理学）、稲永和豊久留米大学名誉教授（神経精神生理学）にこころから感謝いたします。

一九九八年八月二〇日

波多野　二三彦

初版　まえがき

目次

目　次

第一章　内観法とは何か

一　現代の奇跡

内観が自己を変える効果には目覚ましいものがあります。登校拒否生徒を一週間で再登校させ、非行者たちを一週間で改善更生させる効果は奇跡的ともいえます。心身症やアルコール症で長年苦しんだ患者たちが内観療法によって軽快治癒して行くその治癒率の高いことも驚異的です。

ここでは、まずデモンストレーション的に、内観法による劇的な人間変革と精神疾患の治療の成果に驚きの目を向けた二人の学者の声からお伝えしましょう。

一人目の学者は信州大学（臨床心理学）竹内硬教授（故人）です。

五十三回も万引きした中学生、小学校を次々に焼き払った放火青年、十六歳からヤクザの世界に入り、あらゆる犯罪に手をそめ、十三年も刑務所で過ごしてきた親分、これらの人々がわずか一週間の内観実習によって忽然として別人のごとく人が変わり、その後、世の過ちを犯しつつある不幸な人々の救済に奮闘している。それはまことに現代の奇跡である。

これは竹内硬氏が、今から三〇年以上も前の一九六五年に発行された、吉本伊信著『内観四十年』の第一ページに書いているものです。

二人目の学者とは、一九六七年に我が国の国立大学病院に内観法を導入し、精神医療界に「内観療法」という独自の療法を確立した岡山大学（精神神経科）名誉教授奥村二吉博士（故人）です。

内観によってもたらされるあの強烈な心の変化には、全く驚くほかはない。どうしてあのような変化が起こるのであろうか。この十数年間、わたくしはこの不思議な事実に心を奪われている。これはなぜだろうか（奥村二吉『精神の弁証法としての内観』、一九七八年）。

こうした学者たちの驚きの声を聞かれただけでは当然のことながら、内観の劇的効果について直ちに納得の実感も湧かないでしょう。そこで少し長くなりますが、わたくしが以前出会った一人の犯罪者と、慢性疾患を抱えた一人の若者が、内観によってどんなに変わったかをお話しし、右の二人の学者の驚きの声に、幾分かの裏付けをしたいと思います。

［事例その一］

この事例は、わたくしが一九八三年頃岡山刑務所に通って内観の指導をした三二歳のB君という放火、窃盗罪を犯した前科六犯の被告人の内観事例です。B君は自分の人生を暦年順に短く区切って調べています。

(1)　一七歳からの半年間の内観

友達の家で五万円盗む。ヤクザの事務所に出入りし、肩を張って街を歩き回る。近所のヤクザと大ゲンカし、腹いせに睡眠薬を飲み、その人の家に火をつける。ヤクザに脅されているとウソをつき、母からお金をだまし取る。睡眠薬を飲んで電車を止める。

公園でアベックを脅し、男を縛り上げ、ケガをさせ、連れの女を奪い、男の目の前でその女性を犯す。女子高生をだまして犯す。

これだけやってその年、警察に一度も逮捕されなかったのが不思議です。母はわたしがかわいさから一つ一つわびて歩いてくれました。

目の前で恋人を奪われ、暴力で彼女を姦淫されたアベックの男女は、そのとき一体どんな気持だったでしょう。縛り上げられたその目の前で恋人が犯されたあとの、この若い男女のおびえ、悔しさ、悲しみなど、考えてみてください。そのようなひどい目に遭った若い男女の精神的外傷は、一生涯癒えることもなく残るでしょう。言葉では表現できないほどの、いたましいできごとです。

もし前科六犯のB君がこのときわたくしの内観のすすめに応じようとせず、未決房の中で、つまらない差し入れの雑誌やマンガを読んだりして未決の期間を無為に過ごし、刑を受け終え、妻のもとに帰っていったとしましょう。それではやはり虎を野に放つと同じことの繰り返しです。なぜならその時期の彼の家庭は次のような状態でした。

(2)　妻に対する二九歳のはじめころの内観

私は保釈中で、家でぶらぶらしていた。妻が（クラブに）働きに出ているので、洗濯でもしてやろうとおもい、妻のものまでも洗濯した。夜妻が帰ってきて、悪気はないのに、ちょっと不平を言った。私は妻の言ったことに腹を立て、洗濯物はもとより、妻がそのとき着ていた服まで、雨が降っているのに、家の外に投げ飛ばした。妻が雨の中に出ていって洗濯物を拾って帰ると、「今すぐ全部の洗濯をやりなおせ」といって妻を殴った。妻は、真夜中だし、近所に迷惑がかかるから、明日にしてちょうだいと言うのも聞かず、無理に洗濯させた。

(3)　妻に対する三〇歳の年末ころの内観

その日も妻を店まで迎えに行った。店で何かトラブルがあったらしく、妻はなかなか店から出て来ず、私は頭に来てしまった。家に帰る途中、スピードを出したり、平気で信号無視はするし、後ろにいた車に文句をつけ、けんかになり、妻が止めに入った。そのけんかのとばっちりが妻に行き、私は妻をめちゃくちゃに殴り、車の中でも、髪を引っ張り、殴り、家に着くと、今度は車から妻を引きずり出して転ばし、さらにむちゃくちゃに蹴った。妻はこれだけ殴られ蹴られしても、「ごめんなさい」と謝っていた。

(4)　内観後の態度

B君は、このような内観でしっかり自分を見つめたうえ懲役八年の判決を受け、刑務所に降りて行きました。

刑務所でのB君は、もはや元のB君ではありませんでした。B君の判決がおりて約四年経ちました。B君を受刑者として預かっていた広島刑務所を監督する広島矯正管区長の黒笹さんからわたし宛に手紙が来ました。黒笹矯正管区長はB君の広島刑務所内でのまじめな行動に驚嘆しました。

三〇何年間の矯正官としての自分の人生で、B君という受刑者に出会ったことほどの驚きはありません。矯正人としての自分の人生を顧み、果して自分はこれでよかったのかと、深く反省するばかりです。

B君の内観はこのように、内観をした犯罪者本人のうえに劇的な効果をもたらすだけではありません。広島刑務所長の上にいる矯正管区長という法務省の地方矯正部局の最高幹部の人にも、いい知れないほどの感動を与えたのでした（拙著『出会いと共感』一九五頁）。

〔事例その二〕

一九八二年、鹿児島市で開催された第五回日本内観学会大会で、わたくしは若いサラリーマン河野宏さんから、半日近くご自身の内観体験談を聞かせていただきました。河野さんはその体験談をその大会で発表されました。河野さんは慢性下痢を主症状とする病気で長年苦しんでいましたが、一週間の集中内観で完治したといいます。

わたくしは中学一年から一二年間も、下痢腹痛が続き、数回の手術によっても回復しないため、すべてについて自信喪失、便失禁恐怖、孤独など心身の苦しみを体験していました。

わたしは中一のころから下腹部に激痛をおぼえ、歩けないほどになり、家族がびっくりするほど臭いおならが出るようになりました。中二になったころから、いつも肛門の近くからウミが出て下着が黄色く汚れるようになりました。高一になってさらにひどくなり、入院して痔瘻の手術をしました。一年留年した次の高一のときからまた下痢が始まり、クローン病という原因不明の難病とわかり、小腸を六〇センチも切除するという手術を受けました。しかし手術後も体の調子はよくならず、日に五〜六回の下痢が一三年も続きました。便はいつも水様性か粘液状で、わたしの肛門は痔瘻のため肛門括約筋を切っているため、便意を催してからトイレに行くのがどうしても間に合わず、いつも下着を汚していました。

調子が悪いと日に十数回もトイレに行き、夜はほとんど眠れませんでした。寝ていてもトイレを必死になって探し回る夢を見て、結局探せなくてはっと目を覚ますと、便がもれているのでした。だから眠ることさえ怖くなっていました。町を歩いていても気が付いてみると、トイレばかり気になって、ほかのことは考えられませんでした。

大学受験のことから、就職のこと、それらについても、みんなにウソばかりついて、ウソをつくのが平気な人間になっていました。大学卒業後ある製薬会社のプロパーとして就職したわたしは、毎日一〇回以上も下痢をするのですから、一日中トイレにいっている感じでした。

昭和五六年奈良の内観研修所に行き内観をしました。三日、四日と経つうち、なんだか下痢をしなくなったように感じ、五日目の朝自然の便意を感じてトイレに行ったところ、形のあるきれいな、匂いのよいうんこが出たのでした。そのうんこを見ながら、涙がとめどもなく溢れました。その日は一日中涙が出て目が真っ赤でした。そしてふと気付くと、数年来の肩凝りも感じなくなっていました。内観して下痢が止まった以上に深く心に残ったことは、自分という人間の恐ろしさ醜さを初めて知ったことです。内観後は生きて行くことが楽しくなり人生の希望もはっきりもてるようになりました。下痢をしたときでも感謝することができるようになったのです。なぜなら、それは生ているあかしだからです。（河野宏『第五回内観学会発表論文集』一九八二年、一〇〇頁のほか、村瀬孝雄編『内観法入門』誠信書房、九三頁。なお、その後河野さんはサラリーマンを辞め現在は医師として活躍しています＝三木善彦『心理療法』一九九八年二月号、二八頁）。

二　内観法の特徴

(1)　自己心理療法

内観の本質は自己反省法に似た自己変革法で、自律訓練法や各種の禅的療法と並んで「自己心理療法」といわれるものです。一クール一週間のものを通常「集中内観」と呼びます。内観は内観者自らが自発的に、しかも自己の責任において自分に施用する心理療法という特性をもちます。それは必ずしも心理専門家の手をかりなくても、例えば内観に理解のある病院の看護婦とか少年院の教官たちが、一度に一〇名前後の内観者の面接指導にあたることが比較的容易にできます。それのみでなく、内観のベテランは、「日常内観」（分散内観ともいいます）といって自分ひとりで、好きなとき好きな場所で内観を実習することができます。

(2)　究極の病根に迫る

内観面接者は各人の、今現在の訴え（病気についての訴え、離婚、息子の登校拒否など）には耳を傾けません。いきなり内観三項目にもとづく記憶想起の実習をするよう指示します。内観法は恩・愛文脈（第二章(三)）についての想起・検索をすることを通じ、自分に起こっている病の原因となっているのが防衛的自我にほかならないことを認知させようとする精神心理技法です。別の言葉でいいますと「自分自身を知るための技法」です。単に思弁的な瞑想を深めようとする修養法ではありません。

(3)　適用範囲が広く治癒率が高い

いきなり自我の根本に迫る内観法は、各種の精神心理技法、例えばカウンセリング、森田療法、精神分析等と比較して禁忌とされる精神疾患もあまりなく、治癒率の極めて高いのが特徴的です（神経症で九〇％＝第九章**八**(1)、心身症で八八％＝第九章**五**、登校拒否で九〇％＝第一〇章**五**）。

(4)　遮断療法

内観者は内観実習の約一週間、日常的な五官（視覚、聴覚など）刺激からほとんど完全に遮断状態にされます。同室の人と話すことや電話、文通などは、すべてシャットアウトされます。これは日常性からの隔離により想念を集中させるという目的に適合するだけでなく、治療的退行に向けて自己暗示をかけ易くし、自己をより対象化し易くすることを目的としているからです。

(5)　重篤な精神障害の家族療法ができる

想念を集中して記憶を想起するということが基本になっているこの技法では、内観者に相当程度強い自我力の存在することが前提になります。ですから抑うつ症状が強いとか重度の精神分裂病者の場合等では医師による指導なしでは内観を直接的に適用することはできません。そのような重度の精神的疾病とか薬物依存者の場合等でも、その家族が内観すればその家族に生じた患者への強い共感効果が比較的容易に病者本人に転移し、本人に好ましい疾病改善の成果が発生します（第一〇章）。

(6)　内観者絶対尊重

内観面接が始まる前と面接が終わった後には、内観指導者は通常内観者に対して合掌し、ついで両手をついて深々と礼拝します。このような仏教じみた所作を問題視する人は多数います。

しかしこれは心理療法としての内観法の本質を形成する、抵抗排除のための非常にたいせつな必須の所作です（八九頁参照）。もしこの所作を省略すれば、内観法は世間の人々から受けているおおきな誤解から解放されるでしょう。しかし合掌はともかく礼拝を省略してもなお心理療法の屈強の敵である抵抗を内観者から完全に排除することができるかどうか、はなはだ疑問です（第五章三）。

(7)　一週間で効果が発生

カウンセリング、心理療法、精神分析療法は毎週一回の面接を、二〇〜三〇回と重ねて行くのが通常です。しかし内観は普通の場合でも医療に応用された場合でも、おおむね一週間で疾病治癒・軽快の効果とともに自己洞察が発生し（武田良二『矯正処遇技法』矯正協会編、一六五頁）、その効果はアフターケアの措置があればなおいいですが、仮になくてもしばしば永続します。

(8)　内観寺の内観法

内観法は吉本伊信（一九一六〜一九八八、一九五〇年得度《とくど》）によって一九五三年に開発されました。彼は「身調べ」という奈良地方にあった土俗的な仏道修行法を自ら命かけて実践しながら研究し、この修行法を次々改案して終に内観法という精神心理技法を作り上げたのでした。

内観法は大脳生理学や、ヘーゲル哲学や臨床心理学や、ブッダのいう「最高の真理」にも違背せず、非のうちどころのない精神心理技法です。

ところがその内観法を開発した吉本は、派手々々しい有名人の名を並べたて、新興宗教と見まがうばかりの宣伝をしました。

当時の有名な女流歌人九条武子夫人の実兄錦織寺法主孝慈上人猊下《げいか》（高僧の尊称）が内観法の総裁。元陸軍大将宇垣一成がその顧問でした。流行歌手島倉千代子も看板娘として矯正施設などで活躍しました。一九五五年には自宅には「内観寺」という表札を掲げ、墨《すみ》染めの法衣に輪袈裟下駄ばきスタイルで出歩き、内観法が仏道修行法そのものであるかのようなアピールをしました。

吉本伊信は多くの刑務所を熱心に巡回して内観の講演をし、

わてはチンドン屋ですねん。難かしいことはわてはなにも知りまへんで。ともかく〇〇刑務所長さんも、〇〇矯正管区長さんもしっかりやってくれてまんねん。

と、矯正界の大幹部を持ち上げました。ひとびとの忠告は吉本の耳には全く入りませんでした。内観はうさん臭いな。いかさまらしいぞ。たちまち世間からも、特に法務省関係者からも強い批判と嫌悪の声が上り始めました。その後遺症は今でも各方面に根強く残っています（二七二頁）。

三　理論のない内観法

我が国の国語辞典三四冊を開いて「内観」という項目を調べた人があります。そのうち一五冊では内観は仏教用語だといい、残りの一九冊では心理学の用語だといっています。吉本伊信が開発した内観法について説明した国語辞典は一冊もありません（武田良二『第九回日本内観学会大会論文集』一九八六年）。心理学や臨床心理学辞典でもほとんど無視されていました（その中にあって一九九九年有斐閣から刊行された心理学辞典（執筆者太田耕平）のみが内観療法の、ほぼ正確な説明であり、これが内観法研究者にとって唯一の救いであるといえましょう。）。

内観法がこれほどまでに誤解され、差別され、無視される原因・理由につきまして、創立以来二〇年あまり日本内観学会会長であった村瀬孝雄教授（立教、東京各大学教授を経て学習院大学教授、）は、内観法に①理論がないこと、②日本的であること、③宗教くさいこと、という内観法の三つのマイナス特性をあげました。同教授はただそれだけ言って、一九九八年四月一五日みまかりました。痛恨の限りです。内観法がいつまでたっても世に流通しないというその主要な原因は、村瀬教授の指摘した三項目に集約されます。しかしそれだけではなく、次のように内観法が類似のものと混同されやすいというハンディがあるとも考えられます。我が国に流通している普通の国語辞典で「内観」の項目の中に取り上げられているのは、次の二つのうちのどちらかです。

その一　〔白隠禅師の開発した仏教用語としての内観〕
これは一八世紀中葉に臨済宗中興の祖といわれ「夜船閑話」（やせんかんな）など多くの名著を残した高僧白隠禅師（一六八五〜一七六八）の開発した、仏道修行法としての内観です。
白隠の内観は、実習する人の姿勢、呼吸法、さらには唱える仏教の文句そのものからして、それは今で言えば、一九三二年ドイツのシュルツ博士の考案した「自律訓練法」にたいへんよく似ています。当時白隠禅師は、多くのノイローゼ患者に対しても自信をもって内観の適用をすすめ、かなりのひとがこれによって快癒したといわれています。（大井満『白隠ものがたり』春秋社、一三八〜一七五頁）。
その二　〔心理学用語としての内観心理学〕
一九世紀中葉イギリスの哲学者J・S・ミルやドイツのヴントなどがとなえていた「内観心理学」とは、自分の意識過程を自分で観察しようとする心理学です。そのような人の精神行動を「内観する」とか内省するという言葉で表現します。今日の心理学や臨床心理学でも「内観する」という言葉はごく普通に用いられています。この心理学は人の意識の研究を目標とする心理学です。（『心理学小辞典』有斐閣、『心理学大辞典』平凡社）。

内観法の特性である極めて短期間の実習と劇的変容とその持続はいかにも鮮やかです。一方その実践技法はこれまた極めて単純明快です。しかしその技法の底にある臨床心理学的・哲学的・精神科学的基礎理論は非常に複雑です（第六章**三**、第七章、第八章）。そのためでありましょう。日本内観学会に所属する各界の学者たちも内観法原理の解明には全く手をつけようとしません。

一九八二年四月、鹿児島市で第五回日本内観学会年次大会がありました時、一緒に出席した東京理科大学の北見芳雄教授と雑談する機会がありました。その時北見教授はご自分の、精神分析学、臨床心理学、心理療法研究遍歴についてつぎのような感懐を、深いためいきとともにもらしました。

私はフロイトの精神分析からこの道（臨床心理学研究）にはいりました。しかしいくら研究しても、こころからその学説に納得することがなかった。そのうちにロジャーズが出てきました。ユングにも共感をおぼえて手を伸ばしました。しかしやはり学問的原理についてはどうも納得が得られなかったのです。そして内観法に出会いました。これは実に明快な方法です。これを学問的に解明してみようと、以来今日まで頑張っています。しかし内観法の真理は追いかけて行けば行くほど、遠くへ逃げてゆきます。いまは途方に暮れています。

単純明快な実践技法の内観法が、「なぜ効くのか」というその原理を究明するとなりますと、想像を絶するほど難しいという、この皮肉な関係が内観法の普及適用をおおきくさまたげているのです。

例えば本章の冒頭の**事例一**に示しましたように、内観法はある人には劇的な自己洞察の効果を示し、また**事例二**のように重い慢性疾患につきましては劇的治癒の効果を示すのです。ですから単に「効く」といいましても、その意味は広くかつ複雑です。このような内観につきまして、①「効く」とはどういう意味か、②なぜ効くか、③なぜそれらの効果が永続するのか、という大切な原理が、今日にいたっても皆目分からないのです。

内観を求めて集まる一般の人々たちは、きっと信心だろう、いや超能力だろうなどと根本原理についてとまどい、さまざまな混乱が発生し、不安を感じているようです。

混乱の実例を一つ上げてみます。例えば、集中内観は一週間で終わる技法です。一定の成果をおさめ得るには、原理上最少限一週間はかかる技法です。もっと正確にいいますと、内観実習で感動的体験が得られ、しかもそれが永続効果を残すには、多くは三日（約四五時間）以後です。この原理を明確化するために「前庭期間」という概念があるわけです（第四章三）。

集中内観を実習してみたいが一週間が空けられないという人々の便宜を図ってあげたいと考える善意の人びとは、一週間継続を必須とする内観を、今日気ままに改変し、一〜二日で終わってしまう代わりに、原理上ほとんど効果の上らない「一日内観」（疑似内観）をこしらえ、それをあたかも吉本の開発した内観と同種のものであるかのように装い、しきりに低料金で宣伝しています。

村瀬孝雄教授は右のような変則的な混乱事態の到来をいち早く予見し、

内観法の本質・原理に関する重要な技法と、そうでない瑣末な技法との区別が早晩分からなくなり、いつの間にか本質的重要部分がゆがめられ、内観とは似て非なる実践が内観法の衣を着て歩きだしてしまう危険性がある。一つの心理療法がひとびとに受け入れられるためには、それがなぜ効くかという理論の確立が必要である。特に専門家の間でこれが理解され定着してゆくには、理論の存在が不可欠である。

といっています（『第一三回日本内観学会大会報』一九九〇）。

四　内観法はなぜ効くか

「自分自身を知る」ということは、紀元前五世紀頃の古代ギリシャ哲学時代から今日まで哲学の最大の課題とされてきました。内観法はその課題を「記憶想起法」という技法で実践的に解決しました。人は自分の顔を見るのに鏡を使います。内観法は鏡の原理を応用し、自分の身の回りの親しい人びとを反射鏡という媒体に仕立て、反射鏡の表面を、この人たちから受けた恩顧・親切・愛情・信頼（恩・愛）という理念で丹念に磨きます。内観者が恩・愛の理念と文脈に従って過去の記憶を高頻度に繰り返したぐって行きますうちに、大脳神経の可塑性が効果を発揮します。

反射鏡として利用していた父、母その他の対照群の心像（イメージ）は、恩・愛文脈につられて三日後ころには現実の父母の何倍も美しく輝かしい父、母像に変容いたします。このような父母像のことを「聖なる心像」といいます。内観者はこのような対照群の心像によって自己の周囲を満たします。

それだけでなく、自己否定の繰り返しによる想起・調査によりまして内観者は人々からの恩顧・愛情に応えていなかったどころか、人々に迷惑ばかりかけていた自己本位の自分だった今までの態度に気づき、反対に、これほどお粗末な自分に注がれて来た長年の恩顧・愛情・親切・友愛の大きさを強く自覚します。ということは、内観中にもう一人の明晰な自己が出現し、古い自己と厳しい対決を始めるのです。内観による「自己との出会い」です。

内観者があまりにもお粗末な自己自身に出会ったことによりまして全身性の感動が内観者を襲撃します。この感動の結果今まで回路を閉じて休止していた、幾千万、億個という膨大な数の神経回路は次々、生命と魂の調和的発展（ホメオスタンス）という生命有機体本来の目的にそって新たな回路を開いて行き、急速に活性化します（潜在能力の活性化）。

すべての内観者は、自分が周囲の親しい人びとからだけでなく、万有から支えられて生きて来ていたのだという厳粛な事実を感動の嵐の中で心から納得しようとする心に近づくことができます。内観者の目からは、拭いても拭いても次々と歓喜の涙が流れ落ちてきます。

大脳皮質の神経細胞の活動についてみますと、抑制性細胞群は、興奮に向かおうとする素朴で防衛的自我の因を形成する興奮性細胞群と常に対立し拮抗し、ある抑制性細胞はこれに強力に干渉・抑制し、またある抑制性細胞は柔軟かつ精妙に慰撫しようとする抑制傾向性を示します。このような抑制・拮抗の干渉作用が神経回路の電気的疎通性を劇的に高めます。このような神経のメカニズムは、全身機能の調和的活動を維持し発展させるために、人の主要な臓器を覆っている自律神経系やホルモン内分泌系の中にも同様に組み込まれていまして、興奮、抑制と相反する働きを担い、いずれも矛盾・

拮抗を経て究極目的であるホメオスタシス（調和）を実現しようとしているのです。

こうした神経や内分泌機構に組み込まれている相互対立・抑制・拮抗の神経、内分泌のメカニズムは人間の意識としましては精神の自己否定傾向として現れます。

内観は大脳皮質の神経細胞群や自律神経系や内分泌系のもつこのような興奮と抑制の相互作用をそのシステムの中に巧みに捉えて相補的に操作し、自己自身を自己否定的・抑制的にコントロールし、意識下にある巨大な防衛的自我を除去しようとする技法です。

見栄に縛られ自己を偽り防衛的自我に抑圧され続け、不安に喘ぎ病苦にさいなまれていた内観者はそうした苦難からたちまち解放されます。自己中心的に生きて来た内観者が真の自己洞察に至り、あるいは慢性的な疾病から訣別できるからです。内観の目指す究極の臨床効果の本質はこれです。

そのような内観体験は新たな記憶として内観者の大脳新皮質や記憶の反響回路としての「海馬」の神経細胞に刻まれます。同所の神経回路は短時間のうちに可塑性を発揮して劇的に変化（連絡・接続の増大）し、さらに発芽・増殖・肥大等の変化も起こり記憶は一層強く銘記され、固定され、数週間ないしは半永久的に持続するだろうといわれます（詳細は第八章）。

内観法は自己否定を伴う潜在能力の発展・向上の動機付けを大脳神経回路にあたえ、感謝と活力に満ちた新しい内観的な自己像を大脳神経細胞に刻み付けて固定するでしょう。

それだけでも内観効果は相当期間永続します。もし内観のこころが人びとの日常生活の中に「日常内観」（第三章七）として生かされますと、内観法の自己洞察効果は衰えることなく、一生持続するものであろうことが、これら神経科学の知見によって強く推定されます。

五　内観法を学問にするには

一九七八年に我が国に「日本内観学会」という学術的研究団体が創設されました。その二年後の一九八〇年、岡山市で第三回日本内観学会大会が開催されました。そのときわたくしの海軍兵学校同クラス（七六期）の親友である東北大学医学部鈴木仁一助教授（心身医学）が遠路はるばる出席してくれました。彼は高名な心身医学の学者であり、そのころようやく内観法に興味関心を示しはじめていました。シンポジウムの質疑討論の際彼は、次のような発言をしました（『第三回日本内観学会大会報』一九七八年）。

内観法を学問として医学界に受け入れさせるために、あるいは大衆に普及させるためには、つぎのようなことが必須の前提条件となる。

① 人間にとって宗教はなくてはならないものだ。しかし残念なことに現代の医学界、教育学界では、人々は宗教的なものに非常な反発を持っている。だから公の立場で内観を医学、教育学界に導入するためには、その持つ宗教性を一応排除する必要がある。

② 内観法がなぜ効くかという理論を、大脳生理学的に明らかにする必要がある。

③　内観法の教科書的なものを作り、実践指導理論を統一する必要がある。

いまから二〇年も前に鈴木仁一君は、内観法を学問として確立するためにこのような指針を与えてくれたのでした。鈴木仁一君が与えてくれたこの貴重な指針はその後内観学会では長く顧みられることもありませんでした。わたくしは今回ようやく鈴木仁一君のこの主張に現れた三つの趣旨のすべてをとり入れ、本書における内観法原理を組み立てました。その際に柱となる具体的な方向性は三つあります。

第一のものは、自我中心思想の西欧の近代哲学の枠を超えたところに存在し、仏教的なたたずまいを装っている精神心理技法としての内観法を、この際あらためて世界に通用する西欧的な科学の論理・文脈の観点から再検討し、内観法を精神分析学を基調とする現代心理療法の学問領域に、正当に参加し得る科学的精神心理技法へと脱皮を図って行こうとすることです。

内観法のたたずまいは、仏教的瞑想法の香りを発散します。しかし内観法原理の基幹となっているのは、記憶想起の高頻度反復という単純な精神作業です。この内観的想起技法は、三日間程度で大脳神経の可塑性に有効に働き、人間の潜在能力を開発し、その効果を比較的長期間維持します（二一〇）。内観法の技法は、システムとして厳重に体制化されていますうえ、内観指導者によって統制されつつ実施されます。その技法の論理とは、媒介物を利用し自分を自己否定的に見ながら精神の統合をはかるというヘーゲルの説いた精神運動の自己否定原理に沿うものです（一六八頁）。釈尊の説いた情動抑制という仏教の最高の真理に沿う確固とした哲学的方法（一七七頁）でもあります。そのうえにあらゆる面におきまして大脳生理学にもとづく科学的裏付けさえあります。

第二は、内観法原理を、あまねく人間世界を覆い尽くしている恩顧・愛情・親切・友愛という基本理念、いいかえますと「万有支え合いの哲学」（間主体性の哲学、三五頁参照）で貫徹することです。内観者が行う一週間（時間になおして一〇五時間）の自己心理療法は、恩・愛文脈中心に自ら施行する抵抗の徹底操作の場です。それは一週間に一時間のカウンセリングや精神分析の、優に四〜五カ月分に相当します（一三頁）。なぜ内観法がそれほどに有効な自己心理療法であるかにつきましても、その根本構造が哲学的・臨床心理学的に解明されなければなりません。

第三は、内観法がわずか一週間でなぜ自己洞察や疾病快癒の効果をもたらすのかというその因果関係論を、大脳生理学の所与・知見を十分に取り入れつつ、科学的に明確化することです。

六　内観法の国際化

内観法の国際化は、オーストリアから始められました。内観法を象徴する合掌礼拝技法の存在が内観法を国際化してゆく上で相当の隘路になるであろうと心配されもしました。またとくに内観法の原理が未だ確立されていない時期に、理屈好きなドイツやオーストリアの人々に、果して内観が受け入れられるであろうかと心配されました。しかし青山学院大学の石井光教授（刑事学）による熱心な内観国際化推進のご努力で、オーストリア、ドイツを中心に内観法は急速に拡大しつつあります。

内観法の理念であり、記憶想起技法の本質的概念（想起文脈）ともなっている「内観三項目」の国際化の可能性についても極めて明るい兆しを見せています。それは例えば次に述べますオーストリアのフランツ・リッターや、ドレスデン（ドイツ）のアルミン・モーリッヒの思想にも、アメリカのパトリシア・マドソンの思想にも、明確に語られています。

以下欧米各国の内観実施・研究の状況について概略ご説明いたします。

(1)　オーストリアの内観状況

オーストリアのノイヴェルト内観研修所長であるフランツ・リッターは一九八五年に内観面接者として独立し、これによって内観研修所が初めて外国に根を下ろすことになりました。

F・リッターは一九九五年に行われた第一回内観国際会議で次のように述べています。

フロイトが重要な著作をしてからまだ一〇〇年くらいです。人々はフロイトのエディプス・コンプレックス理論にしたがって、たとえば父を心の中で殺したい、そして母を守りたいというようなことをいいます。わたくしはここで精神分析の悪口をいうつもりはありません。しかし父を殺したがっているのかどうかを考えることよりも、吉本伊信の考えた「三つの質問」（内観三項目）を考える方が、どれだけ価値あることでしょう。

わたしたちはフロイトを越えてさらにその先の新しい第一歩をもたらすものを必要としています。それが内観です。ここで内観とは、つまり自己を見つめて自己を認識し、自己の中にある真実を観るということです。(『第一回内観国際会議報告書』一九九五年、七二〜七三頁)。

オーストリアの首都ウィーンにあるウィーン内観研修所長のヨゼフ・ハルテルは一九九一年、ウィーンに内観研修所を開設しました。オーストリアにはこの他に一九八九年に開設されたザルツブルク内観研修所があります。

(2) オーストリア矯正界での発展

先に述べましたフランツ・リッターとヨーゼフ・ハルテルの二人は、一九九五年一一月、オーストリア唯一の少年刑務所ゲラースドルフ少年刑務所で、受刑者六名の内観指導をしました。そのうち五人は薬物常用者で一人は殺人犯でした。

この内の五名の内観者は内観終了後、精神安定して冷静さをとりもどし、他の受刑者からは尊敬の目で迎えられるようになったといいます。

内観終了の六か月後、ザールブリュッケン大学のビンツス教授やブラント博士らによる彼ら内観者の心理検査が行われました。その検査結果は、

① 家族に対する見方が変化し、

② 未来への見方がポジティブに変わり、
③ 犯罪についての理解が深まった、

といわれます。

右のような内観の成果に感動したゲラースドルフ少年刑務所長ガンドルフ所長は、内観教育を同施設における正式なプログラムとして取り込み、以後多くの受刑者が内観実習によって成果を上げたといわれています。

こうしたゲラースドルフ少年刑務所の実績は、さらに次のように矯正専門家の心を動かしました。オーストリア刑務所の指導的心理学者であるファヴォリテン特別刑務所長ヴェルデニヒ博士は一九九七年、ＥＵ当局の支援を受け、ドイツ、イタリア、オーストリア三国の一つずつの刑務所に内観を導入すべく勧告したと伝えられています（石井光「オーストリアの刑務所内で内観始まる」、「刑政」平成八年九号、四八頁）。

⑶　ドイツの内観状況

ドイツのヴォルフェンビュッテルにある内観研修所の所長ゲラルド・シュタインケは一九八六年の初めて内観を体験し、これによって長年悩まされていた不眠症が完全に治ったのでした。

彼は石井教授のもとで四回、吉本伊信のもとで一回、瞑想の森内観研修所（柳田鶴声所長）で三回内観を実習し、この内観研修所を設立しました。彼の創設した内観研修所では、一九八九年四月から一九九一年八月まで二〇回の内観研修会を実施し、八〇人の参加者を得ています（『第一回内観国際会議報告書』一九九五年、四六〜四七頁）。

一九九六年七月、ドイツのドレスデンで内観シンポジウムが行われました。そのシンポジウムでアルミン・モーリッヒは次のように述べています。

西洋の心理療法がほとんど迷惑をかけられたことだけに集中し、内観の「三つの質問」をすべて無視していることは悲劇的である。内観の三つの質問（内観三項目）が入って来なくては、治療を受けた者は、被害者のままに止まり、幸せにはなれない。

(4)　スイスの内観状況

一九九三年九月、スイスのヘンベルクという村のセミナーハウスで参加者一〇名を集め、第三回内観研修会が行われました。B・ムギエルと石井教授が面接指導をしました。

(5)　カナダの内観状況

一九九五年八月、カナダで初めての内観研修会が行われました。デイビッド・レイノルズ博士が、内観法と森田療法を土台として創始した「建設的生き方セミナー」が中心の母体となって行われたものです。

⑹　アメリカの内観状況

パトリシア・マドソンはレイノズル博士の指導で内観を知り、一九八三年に石井教授の指導で内観実習をしました。P・マドソンは次のように述べています（『第一回内観国際会議報告書』一九九五年、五〇〜五三頁）。

内観の考え方では、人間はだれでも自分一人で生きているのではないということです。つまり、個人的な独立ということは、内観の英知という観点から見ますと神話に過ぎません。アメリカの心理療法は、両親の中に過ちを見いだすことによって行おうというものです。それがいかに間違っていて嘆かわしいものであろうとも、わたくしどもは無視することができないわけです。そのようなアメリカ的な環境の中で、わたくしどもは内観法によって次第に、例えば父の立場に立って私自身を顧みるようになって来ています。

(注)　本節の出典はすべて「やすら樹」。筆者はすべて石井光。オーストリアについて一九九四年三月号、一九九二年二月号、一九九一年九月号。ドイツについて一九九一年三月号、一九九七年一月号。スイスについて一九九四年三月号。カナダについて一九九六年五月号。

第二章　恩・愛の文脈

一　内観三項目の中の恩・愛

内観法システムの根幹には他の精神心理技法には見ることのできない、明確な指導理念が設定されています。その指導理念とは、人びとからかけてもらった恩顧、愛情、信頼、親切、友愛という広い意味の恩とか愛です。これを短かく縮めていいますと「受身的な愛」であり、「かけてもらった愛」でもいいでしょうし、あるいは「愛されたこと」でもいいかと思います。[1]

最近発刊されたある心理学辞典では、内観法とは自己の生育の過程で恩愛を受けて来た親子、夫婦などの肉親の人々を順次回想しつつ反省する技法だと定義しています（小林利宣編『心理学中辞典』北大路書店、一九九七年）。この辞典では肉親の恩愛に限定していますが、より正確に表現しますと内観法の理念は肉親の恩愛には限定されない、もっと広く豊かな意味の恩顧・愛情です。

むかしよくあった過剰な倫理・道徳思想としての「恩愛思想」を人びとに押し付けようとするもの

ではありません（川原隆造『内観療法』新興医学出版社、七頁）。

内観実習の基本は、いつの場合でも記憶想起課題としての「内観三項目」に厳重に従って進めてゆかなくてはならないことになっています。それは内観技法のシンボル、本質ともいえるほどに大切なことがらです。なぜかといいますと、内観三項目には内観法のシンボル、本質ともいえるほどにたいせつな理念である、恩顧、愛情、信頼、親切、友愛という内観法の指導理念が含まれているからです。

わたくしは吉本伊信の定めた「内観三項目」に由来するこのような受身の愛の理念を、今後人びとに正しく理解していただくために、少し縮めて「恩顧・愛情」とし、さらにこれをつづめて「恩・愛」という、心理学辞典の示した意味によく似た熟語で表わすことにします。

内観三項目に込められている恩・愛とは、内観法の全体系を覆っている理念というだけにはとどまりません。それは同時に内観法で内観者が想起文脈をたどって行く際、その身近にある道具、媒介、方法としての「概念記憶」としても働きます。

そのような恩・愛の指導理念は内観三項目から流れ出る精神です。こう申し上げましても内観法実習の体験のない人が、ただ理論的分析をしただけでは内観三項目から恩・愛の理念を発見するのは恐らくは不可能でしょう。ですから、これから申しあげますことは、内観体験を経た研究者の理論的分析であること念頭におかれまして、慎重のうえにもなおかつ慎重にお読みくださるようお願いします。ここでつまずきますと、内観法原理は結局把握できなくなってしまいます。

先に掲げました三項目のうちの①のテーマ、「……にしてもらったことの想起」につきましては、この言葉自体の中に、相手に対する恩・愛の味わいがすでに滲み出ていますので、長々ご説明するまでもありません。

③のテーマ、「……に迷惑かけたことの想起」も、迷惑をかけた自分とかけられた他人との相関関係でみますと、そこには迷惑をかけた相手に対する恩・愛関係が比較的容易に認められましょう。

問題は②のテーマ、「して返したことの想起」の中に、受身の恩・愛をどのようにして発見するかです。②は読んで字のように、「して返した」ですから、これは自分の方から相手に恩とか愛を施したという想起項目に見えます。もし今テーマ、「して返したこと」だけを切り離し、それだけ単独で眺めてみます。するとどれほど時間をかけて慎重に調べてみましても、このテーマからは受身の恩・愛の理念は見えては来ません。しかしこれを①、③のテーマの間にサンドイッチのように挟んで、内観実習の過程で調べてみます。すると不思議なことにして返した事実は容易なことでは発見できないのです。それだけでなく例えば、

して返したこととしてはお母さんの肩を叩いてあげた。算数で一〇〇点取ってお母さんを喜ばせた。よしよし。いいものが思い出せたぞ。

と一瞬喜んではみたものの、もう少しその先を調べてみますと、それは母に対しての親切心からしたことではなく、自分が努力以上のごほうびをいただけて、大変とくをするからしたものであったり、

もっと調べてゆくとニセの二重丸をを偽造して何度も母からごほうびをだまし取ったことまで思い出され、多くのことは自分でもはっと驚くばかりの、「恩をあだで返したこと」になり果て、母の無私の愛情に較べますと、真にこころを込めてお返ししたという行為とはほど遠い、計算ずくの行為へと音を立てて崩れ去ってゆき、②のテーマ、「して返したこと」の実質は、限りなく③のテーマ、「かけた迷惑」に接近します。それは結果的には両隣の①と③の二つのテーマを前面に押し出し、強調する名脇役的なテーマへと変わってゆくのです（実例について六六〜六七頁参照）。

一九七七年に、大分少年院の院生一〇〇人からアンケートをとって調べましたところ、そのうちの五四％は、「してお返ししたことは、何もなかった」でありました（『第五回日本内観学会大会報告書』、一九八七年）。このような内観実態報告書も、右のような「何もない」というわたくしの説明を裏付けるものであろうと思います。

このようにしてまるで無造作に並べられているかのように見えていた内観三項目というテーマは、内観実践の中では、父母兄弟をはじめ周囲の隣人たちから受けて来た、複合的で受身的な「恩・愛」という宝物の詰まった内観という宝箱を明けるための、自分自身しか使えない「三本の鍵」にほかならないものだということが分かります。

（1）　アリストテレスの友愛（philia）と呼ばれているものについて見ておく必要がある。和辻哲郎はそれについて次のように説明している。愛というものの概念の広がりを知るうえで参考になろう。

「友愛は夫婦間とか一般人の間に見られる合一の関係を包括していて、単に友情のみを指すのではない。友愛は、人と人とが相互に好意を抱き、互いに相手の幸福を念じ、それを互いに知り合っていることである。友愛は一方が他より優位にある場合にも起こりうる。たとえば父と子、長と幼、夫と妻、支配するものとされるものなどの間の友愛がそれである。」と（和辻哲郎『岩波全集』第七巻、三二二頁）。

二　恩・愛の理念

人間は他人とはもちろん、地上のありとあらゆる生物たちと支え合いながら共に生きています。自分は支えられることばかり多く支えかえすどころではない。それから受けた恩や愛に不感症で、それを恥じることもなく生きている。その上自己中心的で支えてくれるものたちに迷惑をかける者です。そうしたことに心の底から気づきを与える。それが内観法です。

内観法は宗教修行法ではありませんが、元をたどってゆきますと弥陀に帰依していた一人の僧、吉本伊信によって開発された技法ですから、人はつながり合わなくては生きてゆけないという宗教的な慈悲とか愛と重なる世界観が理念・技法のうえに色濃く滲み出ています。この根本理念は内観法の根幹をかたちづくる宗教的な色彩のある基本理念でもあります。

現代の医療、とくにこころのありようが問題になる心身医学とか精神医学の分野におきましては、

「患者自身が自らよくなろうとする潜在能力をもっている」ということへの信念抜きでは、医療者としての奥義にむかう意欲が生まれることは難しいでしょう。たとえば体温や心拍や呼吸数をはじめ、すべての内臓諸器官の示すデータを見てください。それらの数字は人間各自の自覚や配慮や意識の外（自律神経系・内分泌系）におきまして、終始大いなるものから絶え間なく支えられ、力（恩・愛）を頂いてみずからの心身の機能をもっともいい状態に維持するように図ろうとする傾向性の現れにほかならないものだといえます。心臓や肺は、人間が眠っているときでもひとりでに動いていますし、眠っているときはそれなりに、走っているときはそれなりに適正に活動してくれます。

このように人間の思慮を超えた大自然の恩恵としかいいようのない、いってみれば自然界全体から受けている恩顧・愛情に対する、深い自覚や信念なしに医療を進めますと、その十全な成果の実現は、予期するところの半ばにしか到達し得ないというべきでしょう。

中田琴恵さんという、今年すでに八〇歳をこえた内観者があります。約二〇年前に大阪大学三木善彦教授（臨床心理学）が、中田さんのお宅に伺って中田琴恵さんから直接お話を聞かれた時、中田さんは三木さんに次のように話されています（『第一回内観国際会議報告書』一九九五年、七七頁）。

内観しておりますと、もう生かしていただいていること自体が、なにか不思議なような、どういったらいいでしょうね。のどがかわいたときにお水をいただくような感じが、一瞬一瞬なにか不思議なような、ありがたいなんていう軽いことばではなくて、わき出てくるような感じがするんですけれどもね。

そして朝起きて水道の栓をひねりますと、さっと水が出ますし、ひねっているこの手が動いているというのが、わたくしがこしらえた手ではないのに、ありがたいなあと思います。自分が生きているんだというような気負った気持ちではなくて、何もかもすべてが大自然によって生かされているというような尊い感じです。

二　恩・愛の理念

わたくしどもは周りの人びとから恩・愛を受けて来たことを知ることによって他との関連や支え合いを客観的に見る力が生まれるだけでなく、もっと大切なことは、同時に、エーリッヒ・フロム（一九〇〇〜一九八〇）のいうように「自分が何者であるか」が見えてくるのです。

ナチに追われてアメリカに亡命したユダヤ人精神分析学者であり新フロイト派の代表ともいうべきフロムは、『愛するということ』という著書（一九五九年初版、一九九六年鈴木晶改訳、紀伊国屋書店刊）の中で、大要次のように述べています。

現代の人間は、孤立しているという意識から限りない不安や孤独に日々直面しつつある。その不安や孤独を克服し究極の安らぎを見いだすためには愛が必要である。愛は合一であり、自分自身が真に自分を知り相手とも永遠に合一する唯一の方法は愛である。

わたくしどもはフロムの、愛についてのこの明確な言葉を深くかみしめて味わわなくてはなりません。フロムが目指そうとする目標は精神分析という、技法としては冷たくみえる独特の精神心理技法の分野においても、「自己が自己を知る唯一の方法は愛である」と言っています。それは内観法原理を説く本章のテーマに即応しています。(2)

高度な資格試験にパスすることが必要な医師等が行う医療、臨床心理士が主として行うカウンセリングや心理療法に比較して、一定の資格付けの必要がない人びとの指導面接で行う内観法は、素人療法に近いものとして、医療よりも数段低い精神心理技法に過ぎないものだと世人は誤解をしていると思います。そのような内観法の指導理念として、医療や心理療法の双方に通じる指導理念として恩・愛を措定するのは思いあがりであろうという非難もあるかと考えられます。

現代医療に恩・愛理念が必要であると同じ理屈から、内観という精神心理技法にも同様に恩・愛の理念が必要です。その証拠に、今日精神医療の現場では内観の家族療法というものが熱心に行われています。それは重度の精神分裂病を治すため、患者の家族、とくにその母親に内観を適用して患者本人に内観効果を及ぼそうとするものです。家族療法としての内観の奏効メカニズムは、例えば次の症例をごらんくだされば容易にお解りいただけましょう。

過去五年間も入退院を繰り返した二二歳の女性精神分裂病患者がありました。その母親に対して主治医栗本医師が内観させたところ、医師にべったり寄りかかり、社会からの厳しい偏見にめげていた母親が、病識のない患者（娘）の気持をだいじにしながら娘に接するようになりました。その結果、病院内では尊大であり、退院させれば家族に迷惑をかけ、自殺未遂を何度も繰り返していたその娘が、医師の前ではかつて見せたことがない人間的な涙を流し、退院させた後も落着いた状態になったという症例があります。
この症例の場合、母親は「娘に対する自分の愛はどうであったか」を自己に厳しく問いかけつつ内観して自己洞察し、それまで娘に対してとげとげしかった自己を整え、その結果病識もなく自己本位に覆われた患者である娘に、真の愛をもって治ることの意味をはっきり伝えることができたのです(3)
(栗本藤基=精神科医師『私の内観体験記』吉本伊信編『内観の体験』九六～九九頁)。

(2) 他者とは自己のなかの他者性でもある。自己と自己の中の他者の間には、深いつながりとともに根源的な対立・拮抗の関係がある。このような対立・拮抗の中で自己の主体性の保持を尊重すべき哲学を「間主体性の哲学」Inter-subjektivität と呼ぶ人がある。本書第八章にしばしば出て来るエックルスの共著者であるカール・ポパー(一八〇頁)などもこれに属する(団藤重光『法学の基礎』有斐閣、四六、五〇、一四一、三六一頁)。内観法は各自の主体性を徹底的に尊重しながらも、他者からの支えとつながりを尊重しようとする「万有支え合い」の思想が基本に存在する。その意味で内観法の哲学は間主体性の哲学だといえるかもしれない。
(3) 十数年前Kという妄想性精神分裂症の若者がいた。精神病院に断続的に四～五回入院させたがすぐに脱走し、村に帰り村びとたちの家の墓をあばき、家々に松明を投げ込み、部落の人びとから恐喝を重ね、村びとを不安・恐怖のどん底に陥れた。若者の母親は自殺した。ある日若者は隣人の車のガラスを壊したことで起訴された。部落の人びとは若者の弁護人であるわたしに部落の人びと全員の救いを求めた。厳罰だけでは若者の狂気を止めることは到底できない。私は刑務所の特別室で数回若者のカウンセリングをし、若者が懲役三月の刑期を終えて帰った後、身寄りのない彼を支え、彼の友達になった。

彼の激しい妄想は消失したかのような柔和な男に変身し、その後は二度と再びその村には行かず、大型免許を取得し、長距離トラック運転手として社会復帰した。恐らく彼の長年にわたる孤立、不安に基づく妄想と激情が「友愛」によって融和され変化縮小したのであろう。一九九八年六月現在、この若者は博多でまじめに働いている。

本文にあげたケースでも、母親が「自分を知る」ことによってエーリッヒ・フロムのいう真実の愛を実現すれば、重度の精神分裂症もある場合には軽快治癒に向かうことがありうると、私は信じる。

三　恩・愛と罪の意識

(1)　愛と孤独

フロムの見解をもっと明確にするため、愛と孤独の関係と、愛と罪意識の関係についていま少し述べておきたいと思います。

愛の反対は憎しみではありません。フロムのいうように不安と孤独です。愛が衰えると人も動物も必然的に孤独と不安にさらされます。

今から一二年程前、マザー・テレサ（一九九七年九月五日逝去）が岡山市でお話をされました。マザーは数名の障害者と私にまで、手ずから記念のロザリオを賜りました。そして、

人類はこの地球から今や天然痘も、ハンセン氏病も、結核もほぼ追放しました。しかし人類は

今やそれよりももっと恐ろしい「孤独」という病に冒されて呻吟しています。といわれました。こうしてマザーは、いま人類にとって愛ほど必要とされているものはないと叫んだのでした。人間の、考え得る最高の理想像は、自我を抑圧することによって知らずしらずのうちに自分自身が作り上げた孤独と不安を、他者から与えられている恩・愛によって日々支えられているという自覚をしながら克服し、他者との合一を実現して心の自由を得ることにあります。

孤独と不安感は人々との連帯の喪失感から起こるのです。一般社会では大多数の人々はみなみな自己中心的であり利己的ですから、そこではお互いに敵対感情を共有し、自我を抑圧しながら生きています。連帯感が常時あるというのはごく例外です。敵対意識の中で人びとと共生し損ねた人が一層防衛的自我へ執着し、孤立・不安感の中へと落ち込みます。

自我への執着によって一層悪化して行く孤独と不安を癒すには、人間相互の関連の中にあるわずかな恩・愛を自分の心の中で増幅し、それを他者との連帯意識へと転回し、それで自己再生のよりどころとすること以外にはありません（フロムの思想に立脚してこの点を論じたものに、巽信夫「『持つ様式』から『ある様式』への具体的転回法としての内観法」季刊精神療法、一七巻三号）。

敵対と連帯が複雑に渦巻く現実社会で傷つき、孤独と不安に直面した人をいやす原理として内観の恩・愛が存在するのです。恩・愛の理念、文脈といえば天上に輝くオーロラのように聞こえますが、内観法について申しますとそれは単に理念だけではありません。内観法実践のもっとも基本的な技法はなにかといいますとそれは、わたくしどもが長年あまり自覚もせず心に止めもせずに各自の記憶の中に刻んでいた恩・愛の具体的エピソード記憶を、内観を実習する現時点で、内観者自らが想起検索することです。内観で想起に専念する際、恩・愛文脈を遵守することに無頓着のまま進みますと、内観法が孤独と不安を癒すエネルギーを獲得することはできません。

内観法という技法の中にある恩・愛は、一面あたかも柄杓（ひしゃく）か捕虫網のような道具であり媒介であり文脈です。内観者は幼少時代から蓄積された記憶痕跡にある具体的で曖昧模糊とした恩・愛エピソードを、この柄杓のような概念記憶とその文脈によって走査検索し、まどいつつすくいあげるのです。記憶痕跡の中に沈澱している各自の具体的な恩・愛エピソードは、原則として内観者みずからが、恩・愛の柄杓で、苦労しながらすくい上げられた場合に限って生命のエネルギーとなり、自らの孤独と不安を癒すのです（永田勝太郎『新らしい医療とは何か』NHKブックス、一九四頁参照）。

このように内観法は自己心理療法として、その適用はあくまで内観者の自己責任にゆだねられています。そのため内観者本人によほどしっかりした強固な自我がない限りこれだけ困難な精神作業をみずから遂行することはできません。精神分裂病その他の自我の未成熟や病理性の強いケースにつきましては、患者本人に集中内観を実習させることは不可能ですので、「家族内観」といって患者の母親などに内観させ、本人に対してその内観効果を転移・伝播させようとする試みがよく行われています（三四頁の事例のほか本書第一〇章参照。ほかに、巽信夫「『家族内観』その今日までの歩み」内観研究一巻一号。

巽信夫「内観療法の心的転回の仕組みと臨床活用」臨床精神医学二〇巻七号）。

それほどわたくしどもの体験や記憶の奥底にある恩・愛の想起調査は、不安感・孤独感による自我の抑圧からの離脱にとって大切な作業になります。現代社会に生きるわたくしどもが、不安と恐怖というストレス刺激を生産する孤立感や孤独感から離れ、生来の潜在能力を十全に発揮できるように自分を導くのが内観法のもつ理念としての恩・愛です。恩・愛の絆に、十重二十重に囲まれ支えられている自己を自覚することは、内観技法が目指すところの第一のものです。

(2)　恩・愛と罪意識

人びとの心や精神の発露の仕方には、同時拮抗関係とでもいえる複合的な指向性があります。人びとの恩・愛を認知しようとするという肯定的プラス方向に向かう要素と、それを認めないのではなく、認めるからこそ反射的に、人びとから受けた恩・愛に対して報いていないことを恥じて自然必然的に自己否定的なマイナス指向の罪意識に向かうという要素がそれです。

内観法のもつプラス理念の恩・愛要素は、こころの深層に沈潜しています。そのため一般の人びとには容易なことでは発見されません。それに反しまして後者の罪意識というマイナス要素は自己否定という精神の運動の特性によりまして、比較的容易に心の表層に現れます。

これまで長い間、我が国の内観法の実践理論を支配していた主要理念は「罪意識を掘り出すこと」

でありました。とくに日本の精神文化の特性からそのような構造が浮き彫りにされやすいのだと考えられます。その罪意識の奥底をよくごらんください。そこにはいつの場合でも恩・愛が潜んでいます。恩・愛がこれと表裏一体、不即不離のかたちで逆対応的に拮抗してくっついています。

アメリカにおける内観研究の第一人者であるD・レイノルズ博士は、内観法の目的は、自分の回りの人々はもちろん、自然と宇宙全体のはたらきのおかげで各人が生かされていることへの気づきを得、真実の自己を発見するところにあるといいます。レイノルズ博士はこのようにいって、これまでの我が国の内観法論に見られるような罪悪感の過度の強調は、内観法の正常な発展を阻害するであろうとつねづね懸念し、残念がっています（Naikan Therapy、「内観法の理論」（竹元禎子訳）現代のエスプリ二〇二号、その他に「より豊かな人生を目ざして」『第一二回日本内観学会大会論文集』一九八九年、五頁）。

自己洞察の手法とは、内観法のもつ固有の自己否定の論理に従うことです。それは心の底に恩・愛と一体になった罪意識のあることを直感し納得することからその第一歩が始まります。

内観法という技法は人間の精神の自己否定的な動き方を巧みに捉えて活動させるように作られています。あまりに巧妙に作られているので恩・愛の理念への気づきは、内観の深まりの中では必然的に、しかも時間的な関係ではほとんど即時に罪意識へと変化して行きます。

多くの臨床心理学者たち、そして精神医学者たちは、恩・愛の意識と罪意識は、主観的にも概念的にも別のものだが、車の車輪のようだと考えます。しかしこれをヘーゲルのいうように精神の運動として捉えてみますと、この両者は「矛盾し拮抗する心の裏表」です。恩・愛への認知を裏返しますと、そこには常に罪意識が現れます。なぜそのようになるのであろうかと不審に思う方もあるでしょう。理由は単純。これまで人びとから自分にかけられた恩・愛の情に酬いることの少なかったことについての自責の深まりが、罪悪感の高まりへとおのずから自己を駆り立てるからです。心や精神の複合体はこのように、一枚の紙の裏表という構造です。ただその仕組み構造が極めて見極めにくいので、まま両者を分断して別々のものとして観念してしまうのです。

あなたは今死んだら地獄へ行くと思いますか。極楽へ行くと思いますか。

吉本伊信の内観想起促進法の切札は決まってこれでした。浄土教の空気に慣れない人々にとっては、このようなあまりにも勝手のちがう切札のために人びとはじめじめした宗教の袋小路に迷い込み右往左往しました。内観法の国際化を図ってゆくためには地獄極楽などという、極端で一本調子な仏教的イメージからの脱皮が真剣に考えられなくてはなりません。

しかしそうだからといって一部の人が言いますように、内観法の基本原理を罪と罰のカラー抜きにして軽やかに語りますと、精神運動の本質や、それを取り扱う内観法の本質的原理はたちまち歪曲され、いっそう真実から遠ざかって行きます。それもまたまちがいです。

四　恩・愛の文脈

恩・愛の文脈とは、難しいことばでいいますと、恩・愛概念記憶といわれるものです。内観の実践が恩・愛の文脈（概念記憶）にそぐわないままで進行しますと、いつまでたっても内観が深化するということはありません。そういう意味で恩・愛の文脈という道具は、内観を実習しようとする者にとりましては、極めて大切なものです。

先に（三〇頁）掲げました大分少年院での院生に対するアンケートの別の項目を見ますと、「内観中どんなときに涙が出ましたか」という問いに対して「親の愛情を知ったとき」と答えたものが全体の七〇％であり、「生まれてから今までに忘れられないこと」という問いに対しまして「親の愛情または父（母）の死」と答えたものが八一％でした（『第五回内観学会大会報告書』）。

次に掲げますものは犯罪者の内観事例に現れた恩・愛の姿かたちです。そしてその次の**五**でははずかしい私自身の内観体験を掲げて、それぞれ具体的事例に現われた恩・愛の文脈といわれる事例によって、恩・愛という概念記憶の姿かたちを明らかにいたします。

いずれの事例でも、恩・愛と罪意識は重層的・複合的に結合し拮抗し、分離しにくい形で現れていると思います。その現われ方にとくにご注目下さい。

〔第一事例　ある受刑者の内観〕

いざ内観してみるとね。いちおう合理的に整頓されているとばかり思い込んでいた、あっしの心の中に、いろいろの化けものどもが巣くっているのに気がついてびっくりしてしまいました。あいつよりもおれの方がはるかに上等な人間だと思いたがるうぬぼれや、てめえのからだだけを無性にかわいがりたがるガリガリ根性や、おのれの非を棚にあげて人を呪いたがる逆恨みの外道（げどう）や、なにか気にくわねえことがあるとすぐ頭にきてふてくされたがるひねくれや、そんな化けものどもが際限もなく次から次へと……これじゃああっしに人並みの行いなどできねえのはあたりまえで、よくもまあこんなおれが、一人前のツラをして、今日まで無事に生きて来たと思うとね。せちがらいとか冷てえとか考えていた社会が、案外寛大であったことに気がついて、恥ずかしいやら愚かしいやら。生まれて初めての冷や汗という奴を思わず出してしまいました（武田良二「内観法について」佐藤幸治編『禅的療法・内観法』二一〇〜二一一頁）。

＊〔第二事例　少年N（放火・殺人事件の被告人）の内観〕

（家族への手紙）おじいちゃん！　わたくしはやっとまじめに立ち直れそうです。

これもわたしの周りでわたしをやさしくとり囲んでくれている皆さんのおかげです。やはりそれはおじいちゃんのおかげかも知れませんね。いつもどこかで見守っていてくれるように思います。おじいちゃんは、私の心の中にいつも居てくれます。小さいころから長い間、おじいちゃんの優しい姿は、けっして忘れることはありません。愚かな私を見守ってやって下さい（少年の祖父はNの犯行の六カ月後、前途を悲観し、農薬をあおって自殺した）。

＊　母から来る手紙がとても明るく、そして母の気持ちがとてもよくわかります。何度もなんども読み返します。そうしているうち、本当に、母がそばにいてくれるように思うのです。今の、何にでも耐えられる力は、皆の愛情から来ているように思います。

＊　（著者あての手紙）父や母が私のために、これだけの力を与えてくれたことがとてもうれしいです。私は泣きたいほどうれしいです。人の心の優しさに守られるその中で、とても高い壁を乗り越えてきたように思えるからです。

＊　（母あての手紙）もうすぐ判決があります。心は満足しています。刑に対してのおそれもありません。こころの乱れなども、不安も、全然ありません。それは判決のときも同じことだと思います。人間は自分で自分を知ることから始まり、人間になってゆく。すばらしいことだと思います。私を包んでくださるお母さん、叔父さんの手紙を読むと、人の気持ちがすべてわかるのです。

（拙著『出会いと共感』二四一～二五〇頁）。

五　私の内観体験

一九五六年に結婚したわたくしは、同居していた義母（妻の母）と、毎日ケンカをし、家庭内はさんたんたる状況でした。一九六二年の暮れには雪深い会津若松市にある検察庁の支部へ転勤させられていました。

その年の暮れは会津地方は豪雪で、何メートルもの積雪があり、家の窓からは庭の草木も、そして空さえ見えない暗い公舎に閉じ込められ、義母とのいさかいは絶えず、ひえびえとした我が家の空気にはこころも凍えるおもいであり、つくづくと人生の悲哀を感じました。そのような悲惨な家庭生活の中、わたしはその二年前、東北少年院で教えていただいた川嶋真一院長（一九九九・四逝去）の語る内観についてのお話を乱れる心の中で幾度も反芻しました。そして自分を立て直すにはやっぱり内観以外にはないかも知れないと思い、吉本伊信師の門を叩くことになったのです。

わたくしの第一回目の集中内観実習体験は、一九六二年の冬休みである、一二月二八日から翌年一月三日までの一週間でした。

(1) 養母に対する内観（巨大な恩・愛の発見）

わたくしは中学時代汽車通学でした。母はわたしを午前五時四五分の汽車に遅れさせないように、それまでに朝食をとらさなければなりません。ですから母は遅くとも四時三〇分ころには起きてカマドに薪をくべ、五時にわたしを起こし、西洋皿二つに炊きあがったばかりの熱いご飯をよそい、それをウチワであおいで冷ましつつ、わたしがご飯をたべるあいだに弁当をつくってくれていました。

そのようなことを、わたしの中学時代の約五年間、だまってつづけてくれた母です。

「お母さんにしてもらったこと」という内観の柱とは、わたしにとってそれは、まるで恩・愛の竜巻のように巨大エネルギーであり、天高くそびえ立っていている柱です。

夏休み、冬休み、日曜、祭日以外の毎日、母はこのように朝暗いうちに起き上がって、くる日もくる日も湿気多く冷たいお台所のカマドのまえにしゃがんで、新聞紙からソダに火を移して焚きつけたのです。わたしには今でもそのような母の姿が「聖なる心像」として目の前にあります。だからいくら内観しても母の恩顧・愛情の重さをはかることはできかねています。

(2)　わたくしの日常内観（分散内観）

わたしの養母に対する日常内観の実践方法は次のような構造です。

薄暗くじめじめしたカマドの前に座った母のすぐそばに、わたくしはかねてから観念的に深い井戸を掘っています。少しでも時間がある時、そして思いついたとき、わたしはその井戸の中に滑り込む生活習慣ができています。すると即座に目の前には、腰の曲がった母の心像（一三九頁以下に詳述）が現れてきます。その場所はわたしが母と、何時でも好きなときに感動的な出会いを出会える特別の場所です。

夢でない。現実でもない。信仰の世界でもない。幻想や錯覚などでもない。母に導かれつつ、いつの間にか作った、涙ばかりがやたらと溢れて出てくる不思議な「内観空間」です。わたくしの日常内観の原理は、すでに三〇数年も前に集中内観で作り上げている反射鏡としての母の心像に、毎日のように移り変わる愚かな自己を投影し、忘れてはならない万有の恩・愛を日々新たに想起するというメカニズムに支えられています。

(3)　義母に対する内観（罪意識の発露）

わたしの妻の父は、妻が小学校四年生の時亡くなり、その後は妻の母（わたしの義母）が女手一つであちこちで働きつつ妻を育てて来ていたのでした。わたしはごうまんなものの いい方でおばあちゃんを毎日まいにち追いつめ、責めたて、沈黙を強制し、怒鳴ったりです。とにかくわたしは荒れ狂っていました。そういう毎日のカリカリした自分に疲れ果て、内観研修所に出掛けたのでした。

これだけ家庭が荒れてしまっては身がもたない。ひょっとして自分にも一分か二分の非はあるかもしれない。内観にいって来ることにしよう。

内観研修所に行って調べてみますと、内観とは、自分を、相手のおばあちゃんから恩・愛を受け取った立場に置いて自分自身を調べることなのでした。

わたしはおばあちゃんには、常に肩身の狭い思いを強制して来ていました。おばあちゃんは、女手一つで妻をここまで育てて来たおばあちゃんでありました。そういう長年のおばあちゃんのご苦労についての配慮も共感もなく、「ばあさん、お前そんなに不平不満がよくも言えたものだ。いいかげんにしてくれ。」というそれまでのわたしの見方・考え方は、いってみれば「自分を検事の立場において相手の非だけを調べる」実にごうまんなやりかただったことに気がついたのです。

　ここまで内観しましたとき、わたしは申し訳なかったという気持ちでいっぱいになり、居ても立ってもいられなくなりました。奈良の内観研修所から会津若松まで飛んでかえっておばあちゃんにお詫びをしなければこれ以上もう内観ができない、という切羽詰まった気持ちになりました。

　わたしは面接のとき泣きながら、吉本先生に、「一寸帰っておばあちゃんにおわびをいってからまたまいります。一寸外出を許して下さい」と先生に申し上げました。

　吉本先生は、よく気が付いた。それでこそ会津若松からここ（奈良）まではるばる内観に来た甲斐があったというもの。その調子で頑張って下さいと言われるものと思いきや、
　　誰でも内観に入りかけのときは、一寸した浅い内観を、涙にごまかされて、びっくりして深い内観と勘違いしますねん。そんなの、ちっとも深い内観やあらしまへん。今は一分一秒を大事にして、深く調べてもらわにゃいかん大事な時でっせ。あんたは泣きっぽくて涙もろいから自分の涙にだまされてまんねん。泣けて来たから内観が深まったと勘違いしててんのと違いまっか。もっとしっかり調べてみて下さい。

　ではしっかりお願いいたします。

吉本先生はそう言ったかと思うと、わたしにふかぶかと合掌礼拝なさり、つぎの内観者の面接にむ

かってさっさと去ってゆかれました。しらべればしらべるほど、わたしは自分が許せない根性の曲がった人間であることが、刻々にわかってくるのでした。

一週間の内観を終えて会津若松の検事公舎に帰ったわたくしは、早速おばあちゃんに、両手をついてあやまりました。こころからごめんなさいを繰り返したのでした。

それから後、おばあちゃんとわたしは、とてもいい仲になりました。おばあちゃんは一九七三年頃からボケがひどくなりましたが、それまでの一〇年間、わたしとおばあちゃんは、ケンカひとつせず仲むつまじく暮らしました。

おばあちゃんが虫の息になったとき、わたしはおばあちゃんの、おしっことうんこまみれのお布団のなかに、ごく自然な気持ちで入りました。そしておばあちゃんの鼻から出るとてもかすかな息をずーっと頬で受けつつ、いつのまにかうたた寝をしたようでした。ふと目を覚ました時にはおばあちゃんの鼻から出ていた息はなくなっていました。妻の母であるおばあちゃんは、一九七八年一一月、わたしに抱かれてとても静かな最後の息を終えました。

内観法とは、不運、不幸、孤立、孤独をかこっていたわたしのような、根性の曲がった、ごうまんな人間が、たった一週間の内観実習で、このように劇的でしかも永続的な幸せな人生を獲得する技法です。わたくしはたかが一週間の内観で、永続的な幸せを自分で得たかのように書きました。それは少々不遜な自己評価に過ぎないのではないかと言われる方もあるかとおもいます。

そこで念のために一言付け加えます。石田六郎医師は、おそらく二〇〇件以上の心身症の患者に医療としての内観を適用した方です。その石田医師は、内観効果の永続性ということにつきまして、

内観完遂者の人格変換は比較的永続的である。中断者は医療効果に見るべきものはないが、完遂者では、強靭な特殊の治療像が得られる。

と述べています（石田六郎『禅的療法・内観法』二八一頁）。

第三章　記憶想起法

一　内観と自己反省とのちがい

今日多くの人は内観とは集中的な自己反省だと思っています。内観法の本質は体制化された記憶想起法です。自己反省法と内観の構造は全くちがいます。

以下四つの特徴的な相違点をあげて両者のちがいを簡単にご説明しておくことにいたします。

(1)　反復くりかえし想起する　　自己反省は、昨日今日の自分の言動を、良心や道徳基準に照らしてせいぜい数分間顧みる精神作業です。これに対しまして内観は、自分の幼少時代から現在までのエピソード記憶（長期記憶）を、通常一週間（一日一五時間）かけて反復集中して繰り返し想起する精神作業です。反復し連続繰り返すところに内観の技法的特色があります。

(2)　媒介物に依存して自己を見る　　自己反省は、自分の日ごろの言動を自由に調べればよいのです。内観では常に父、母、兄、弟といった自分の周りの親しい人々（対照群）を自己を映す鏡として利用し、「内観三項目」を記憶検索のカテゴリー（本書では文脈といいます）としてその媒介物である反射鏡から反射されてくる自分自身のシャドーによって自分の内心を調べます。ウソに覆われた醜い防衛的自我の姿が如実に映されます。

(3)　恩・愛の理念、文脈への徹底拘束　自己反省は各人各様の方法で自由に行います。内観法では内観者は「内観三項目」という三つのテーマを記憶想起の主要な媒介物にし、想起の仕方は三項目のこころである恩顧・愛情・親切・信頼（被愛事実）のカテゴリー・文脈に、きびしく統制され、面接者によってその体制・システムから逸脱しないよう厳重に監督されます。

(4)　記憶の再構成　内観法は各自のもつ古い記憶を、前記のような恩・愛文脈に乗せながら新しく再構成するための記憶想起法です。記憶を再構成することによって自分自身を根底から変える技法です。

反省は記憶の再構成を求める技法でもなく、自分自身を根底から変えるための技法でもありません。

二　内観技法のスタンダード

(1)　内観実習の場所

今日我が国には、合計二〇数カ所の内観研修所と、医療行為としての内観を実施している数カ所の医療機関があります。この他外国にも二〜三カ所の内観研修所があります。[1] それらの多くは、内観法創始者吉本伊信の経営していた奈良県大和郡山市にある内観研修所の、「一クール一週間方式」に従って運営するものが多数です。本書ではこの内観研修所での内観実践運営法をモデルとし、毎週日曜日の午後六時開始、その週の土曜日の午後三時頃終了のものをスタンダードとしてご説明をいたします。その一週間のうち就寝時間を除き、一日三回の食事時間も内観の時間として算入され、一日一五時間とし、実質合計八四時間内観を継続します。

内観者に対する入所時のオリエンテーションでは、他の内観者との共同生活についての注意事項、例えば、起床時刻、食事のし方、入浴方法などの他に、内観中他の内観者と雑談しない、みだりに立って歩かない、外出しない、電話をかけない、手紙やはがきを書かないといった諸注意事項が、ごく簡単に告げられるだけです。

内観者は広い部屋の一隅に立てられた一メートル四方の屏風の囲いの中を「内観の座」として与えられ、ここに入って座布団の上に座ります。正座、安座は自由に選べます。外部から遮断された状態を作るための基本的な条件として、内観者を自然のきつい光線、騒音、ニュース、通信、家事その他もろもろの自然的・社会的刺激から、徹底して隔離・遮断します。一日三食の食事も、内観者の座っている屏風の脇まで運び込まれます。内観者は食事中もその場を立たず、内観しながら食事をとるのが普通です。

（1）　我が国にある内観研修所は約二〇カ所。医療機関は一二カ所。ドイツの内観研修所は一カ所、オーストリアの内観研修所は三カ所。外にアメリカに一カ所。

(2)　内観対照群の選択とテーマの選択

内観者は、自分が自由に選んだ人や物に連なる具体的な記憶を想起・調査するよう内観指導者から指示されます。各々の内観者が選んだ人や物のことを本書では「対照群」と呼びます。

(1)　対照群の選択

自己調査のための対照群として最もポピュラーなものはといえば、母、父、祖母、祖父、兄、姉、弟、妹、おじ、おば、妻、子、親友、恩師、隣人、職場の上司、同僚その他です。そのような人びとを内観者自身が自分で主体的に自由に選びます。しらべる順序もしらべる時間も、自分とのかかわりの多い少いによって自由にきめます。

(2)　テーマの選択

一人ひとりの対照者に対する内観には、対照者ごとに一定のテーマがあります。内観者はこのテーマに従わなくてはなりません。テーマとは、選択した対照者（例えば父、母）ごとに、①してもらったこと、②して返したこと、③迷惑をかけたこと、という三つの質問事項です。

最初まず母に対する内観から始めるとしますと、次のような要領になります。

①　小学校低学年時代に、母にしてもらったこと、して返したこと、迷惑かけたこと、

②　小学校中学年時代に、母にしてもらったこと、して返したこと、迷惑かけたこと、

…………

このようにして順次母から父に移ります。父についての調査が済ますと、同様に小学校低学年のころからの祖父母について調べます。祖父母が済みますと、兄弟姉妹、叔父叔母など、比較的身近な人びとについて調べます。

それが済みましたら次には例えば、① 小学校時代の先生（友達）、② 中学校時代の先生（友達）、③ 高校時代の先生（友達）と続き、第五日目頃には再び母に対する内観に戻ります。

時間が余れば、何度でも、母、父、祖母、姉、先生、学友……と繰り返えし続けます。

この三つの調査テーマは、通常「内観三項目」とよばれ、この三つのテーマの各々にふりむける想起・調査にかける時間の比率は大体次のように定められています。

① してもらったこと………二〇％
② して返したこと　………二〇％
③ 迷惑かけたこと　………六〇％

(3)　順守事項

内観対照者ならびにテーマを選択して想起調査する場合に注意するべきことは、

＊ 対照者は常に必ず一人づつとし、同時に二人以上の対照者を調べない。

＊ テーマは常に一つづつとし、二つ以上を混合して調べない。

＊　自分の暦年に従い、できるだけ幼い時期からのエピソードをメモをとらずに調べる。
＊　同じ対照者、同じテーマを繰り返し調べる。
＊　調べる際に、二〜三年と、適当な期間の区切りを入れる。
という重要な決まりがあります。

(3)　指導と面接

内観面接者は、一〜三時間おきに一度、面接時間は三〜五分程度内観者に面接し、
①　内観者が一〜三時間の中に調べたことの中から、一つか二つのエピソードを、メモなどとらずに聞きとり、
②　記憶想起が恩・愛文脈に沿って内観らしく進んでいるかどうかを確かめ（統制・管理）、
③　何か不自由なことはないか、健康上の問題はないか、質問はないかなどと尋ね、
④　最小限度の激励をします。
内観者の中で繰り返されている想起の流れを中断し妨害しないよう、面接時間はできるかぎり短かめに切り上げる方が好ましいとされます。

内観者にとって大脳内に貯蔵されている記憶痕跡を検索し調べることは、内観法の基本的作業です。しかし内観法がめざしている記憶想起法は、それだけではありません。

内観に限らずすべての記憶想起法というもの自体が、大脳の記憶痕跡に残っている事実だけをただ機械的に調べ出す作業ではないからです。昔の古いことを思い出そうとしても記憶を正確に再生することはできないというのが今日の記憶心理学の通説です。内観法の記憶想起法に最もよく適合する記憶想起論を挙げてみますとそれはC・S・モーガンのいうように、大体ほんとうであろう事実をもとにして、ありそうな他の事実を推量しあてはめることに他なりません。E・フロムも同じ様にいっています（E・フロム著、佐野哲郎訳『生きるということ』一五四頁）。想像の高地から記憶の低地を埋めることが記憶想起で、本当らしいことで記憶のギャップを埋めることを心理学的には「記憶の再構成」ともいいます（ロフタス夫妻著、大村彰道訳『人間の記憶＝認知心理学入門』一六五頁）。我が国の学者もほぼ同じように考えています（今村護郎著『行動と脳＝心理学と生理学』東京大学出版会、四四頁）。

記憶想起が忠実な記憶の再生ではなく、実は記憶の再構成なのだということにつきましてその実態を初めて心理学的に明らかにしたのはF・バートレットの「記憶の研究」（一九三二年）です。

最近でもシカゴ大学のJ・コートルがバートレットと同趣旨の研究成果を、衝撃的なタイトルで発表しています（J・コートル著、石山鈴子訳、『記憶は嘘をつく』講談社、一九九七年）。

内観法の基盤となっている記憶想起法は、記憶をあるがままに再生する記憶術の亜種・亜流ではありません。内観技法によって内観者が作り出す記憶は、内観者の保存している古い記憶を、いわば恩・愛文脈という染料で染め上げて創作する新たな記憶です。内観者が古くから保存していていた防衛意識に汚された記憶を破砕、一掃し、そのあとに新たに作る記憶の創造的再構成です。

記憶の再構成は、人々が考えるほど難しい事柄ではなく、比較的容易に実行できることがらです。たとえば中世の魔女裁判とか、中国の文化大革命なども大規模な記憶の強制的再構成に因る社会現象です。太平洋戦争を体験した日本人たちも戦時中、国家的に記憶の再構成を統制され、敵国であるアメリカやイギリスにつきましては、ほとんど「鬼・畜生」の心像しか持つことを許されませんでした。敗戦後これら旧敵国国民に対する日本国民の「鬼畜心像」は、意外に早く消失しました。

広島原爆慰霊碑に刻まれた「過ちは繰り返しません」という慰霊碑には、原爆を落した「鬼畜米兵」の古い記憶の面影はなく、かえって原爆犠牲者に対し、戦後生き残った者が加害者としての自覚に立ちかえり、自己の過ちを悔いるという姿勢へと転換されて後世に残されています。

次に掲げますものは、多くの人々から愛されている「ぞうさん」を作った詩人まど・みちおの、エッセーです。これ自体は内観体験記ではありませんが、このエッセーには人々に内観が行う「記憶再構成」というもののもつ独特の味わいが、巧まずして表現されています。

この世の中で一ばん鼻の長いのが象で、象のように鼻の長い動物は他にいません。バクが幾らか長いといってもゾウの比ではありません。この地球上の動物はみんな鼻は長くないのです。そういう状況の中で「おまえは鼻が長いね」と云われたとしたら、それは「お前は不幸だね」といわれたようにうけとるのが普通だと思います。しかるにこのゾウは、いかにもうれしそうに「そうよ、母さんも長いのよ」と答えます。長いといってくれたのがうれしくてたまらないかのように、ほめられたかのように。自分も長いだけでなく自分の一番大好きなこの世で一番尊敬しているお母さんも長いのよと、誇らしげに答えます。このゾウがこのように答えることができたのはなぜかといえば、それはこの象がかねがねゾウとして生かされていることを素晴らしいことだと思い、幸せに思いありがたがっているからです。誇りに思っているからです（中略）。ゾウに限りません。けだものでも虫でも魚でも鳥でも、いいえ草でも木でも、数かぎりない生物がみんなそれぞれの個性を持たされて生かされていることは、何物にもかえられない素晴らしいことです。もちろんその中の一員として、人間が人間として生かされているのは本当に素晴らしいことです

（谷悦子著『まど・みちお詩と童謡』三九頁）。

サトウ・ハチロー（童謡作家）は、象には子供のときから全身にしわがあるというように記憶構成しています。云われてみればそのとおりです。

一匹の子象は、「自分はまだ幼いのに全身しわだらけだ。それに他の動物に比べてこんなにも鼻が

長い。見れば母も全身しわだらけで鼻も長い。ボクがこんなに見苦しい動物になったのは母のせいだ。母が恨めしい」といって自爆自棄になっています。この子象がまど・みちおのゾウに諭されて記憶の再構成をします。云ってみれば内観するわけです。すると子象はたちまち自己を受容し、輝ける象として幸せに成長するでしょう。お前は生まれ変わったよと、人々からほめられましょう。

「記憶の再構成」という学的概念は、二〇世紀半ばにいたってようやく人類が発見した経験科学に基づく価値ある発見です。それまでは記憶とは再生するものという固定観念しかなかったのです。

わたしたちは人間の常として人を恨みや憎しみの対象としてとらえ易い強い傾向性を持ちます。それは大脳の生命維持装置に太い神経線維で直結された情動回路にもとづく、自己防衛の神経構造にその因があると思われます。このずぶとい情動は、皮肉にも同時に各自の生命中枢ともいうべき視床下部や下垂体を襲撃します。それによりましてひとびとの抑圧や防衛規制を強化し、それが因でありとあらゆる心身症状を発症させます（一九四頁）。人間本性に起因するこの悲しむべき精神的自家中毒の因である防衛意識に外ならない情動を、自ら賢明に抑制・転換することなしには価値ある生き方の創造はできない。これが内観法基本の哲学です。

内観の記憶想起は恩顧・愛情だけの片面的な文脈に沿うように厳重に統制管理されます。その文脈指定こそは内観者を確実に自己否定の新世界に誘導するための道路標識です。

ある人は言うでしょう。内観法とは人間の情動（自由）をそのように統制操作する心理療法だったのか。それでは内観法も人の心をマインドコントロールする、たとえばオウム真理教のようなカルトと同類ではないかと。

内観法とカルトは大違いです。内観法では想念に一定の統制が加えられることは否定できないことですが、カルトとなると狂言的な教主の言動や教義に縛られ、超常現象などの御利益《ごりやく》に近づこうします。内観の目的とする精神世界はむしろカルトの狂言という迷いを解き、清浄無垢に導く精神心理技法です。生命中枢を襲撃する自我・暗黒の情動を抑制し、清浄な自己洞察に至る技法です。

精神分析に限らずすべて心理療法は、自分の立てた一定の目標に導くべく、大なり小なりこうした心理的操作を行います。ロジャーズ派でさえ、自己一致の状態にクライエントを導こうとするのですから操作的だといえます（国分康孝『カウンセリングと精神分析』一一頁）。

一九九五年三月、東京の地下鉄の車内でサリンを撒いた元オウム真理教信者のH君は、その年の七月から九月にかけて、東京丸の内警察署の静かな弁護士接見室で前後四回、七時間にわたって著者に会い、著者の差し入れた内観法の著作をひもときつつ内観面接を熱心に受けました。内観面接開始当時、麻原彰晃を「尊師」と呼んでいたH君は、面接を始めてまもなくカルトの呪縛から解放され、その後清浄な自己洞察の境地に到達し、自己の犯した全犯罪を自白し、それを心から悔いる不退転の心境へと回心しました。このことは今日では、全国民が知っていることだと思います。このエピソード一つを取り上げましても、内観法がいかに短期間のうちに強固なカルトの呪縛を解きほぐす力を持つものであるかがご理解いただけると思います。昔から自己中心的に生きて来た内観者たちは、いままでとはまるでさかさまな、とんでもない自己自身の姿が、自分が創造的に再構成した記憶の中に如実に出てくるという意外な体験を味わされるはずです。例えば次の事例をごらんください。

少年院に入院中のある少年は一七歳のとき、母に物差しでたたかれたときの痛さ、くやしさ、憎らしさを調べていましたが、その記憶は内観の深化とともに次のように変わりました。

母のつめてくれた弁当は、小さな梅干のおきかただけでもわかる
母の手は、この弁当箱のうえを、何度往復したことであろう
母の白髪は、会うたびに目立ち、一本いっぽん増えてゆく
母の服は、会うたびにブカブカになり、母はやつれ老いてゆく

少年は憎らしい母を思い出しているうち、叩かれたことがらではなく、その背景を深く洞察し、母の愛情の再発見へとふくらみ、母をこんなにやつれさせたのは自分だったと悲痛な思いに立ちいたり、あらためて慚愧と後悔の涙に暮れています（拙著『出会いと共感』五一頁）。

この少年の母に対する当初の記憶心像は、痛かったにくらしかったという、とげとげしいマイナスイメージだけのものでした。それを恩・愛の想起文脈によって自己否定的に再構成したところ、母のイメージはたちどころにプラスイメージに変わったのです。

このようにして内観の想起文脈は、内観深化とともにできごとそれ自体ではなく、創造的な意味を

もった記憶の再構成として現れ、それが相手の内心へのゆたかな共感形成と自己洞察へと人々を駆り立てます。

四　内観三項目の調べ方

(1)　内観三項目の意義

内観三項目は内観法という精神心理技法のシンボルともいうべきものです。我が国では「内観三項目」といっていますが、外国では「三つの質問」とも呼ばれているようです（二二頁）。これは恩・愛文脈を形づくる理念的な要素を含み、内観記憶想起の際、選ばれる父、母、兄、弟といった内観対照群という媒介要素と結合して記憶想起のガイドラインになります。

内観法は記憶想起術を基盤におく心理療法ですが、脳内の記憶貯蔵庫の中に貯蔵されている膨大な記憶痕跡から、あらゆる記憶を継時的・暦年順に検索想起するというのでは、それはまるで天空の星を指折り数える仕事に似て来ます。

有意義な心理療法としての記憶想起法とは、あくまで連想しやすくイメージしやすい何らかの条件を集約して一定のカテゴリーを作り、それを想起技法の基礎・土台として置くことが心理学的にみて好ましいとされます（ロフタス『人間の記憶』九一頁）。しかもそのような心理療法を確実に実践させようとしますと、体制化された一定の理念・文脈に厳重に従わせるという確立された管理システムがなくては効果がありません。内観法では父母、兄弟というように、対照群を順ぐりに変えつつも、暦年順に三項目の想起・検索を繰り返えさせます。こういう方法を記憶心理学では「体制化された情報検索」ともいいます。

内観法の定めた内観三項目中心の記憶想起法は、大脳の可塑性（二〇一頁）と密接に関連しています。大脳の可塑性を引き起こすには、単純でパターン化した記憶想起を高頻度で反復繰り返す必要があります。単純でパターン化された記憶検索の反復継続によりましてある時期（内観では開始の三日後頃）、記憶想起が活性化し最初の自己洞察への予兆がもたらされます。内観三項目が小学生にでも容易に理解できる程度の単純な質問項目でありパターン化された文脈であるからこそ、それが概念記憶として誰にでも手軽に使え、同時に大きな自己変革効果をも生むのです。このシステムこそが高頻度な記憶想起反復を容易にする秘密兵器なのです。

以下、内観三項目のテーマおのおのにつきまして、簡単にご説明いたします。

⑵　テーマ「してもらったこと」

ある父親Ｃは、子供に「してもらったこと」について次のように内観しています。

子供が欲しい、子供が欲しい。そういって何年も待ったところに、長男は生まれて来て下さいました。その喜びはわたしにとって、何ものにもかえ難いものでした。息子は小児マヒにもならずすくすくと成長し、それほど愛情のないわたしに「お父さんおんぶ」と言ってやさしい言葉をかけて下さり、わたしの背中におぶさって下さり、私におおきな幸せを与えて下さいました。わたしはその時の息子の心と肌と言葉の温もりを今やっと、昨日のことのようにはっきり思い起こすことができました。自分の考えがまちがっていました（嗚咽）。

「はえば立て、立てば歩めの親心という昔からの教えがある。そういうありがたい親の恩を裏切ってお前は……」という、よくある権威的な文脈でものを考えて来た父親を、内観法の考え方はこのように逆転させ、幼い子供から受ける恩・愛の情を切に思う気持へと切り替えます。

(3)　テーマ「して返したこと」

「してもらったこと」と「迷惑かけたこと」という二つのテーマは、いかにも内観らしい本来的な内観の味わいを各人に嚙みしめ味わせる、ごく素直な受身の恩・愛テーマです。

これに反しまして「して返したこと」というテーマは内観者が施す能動の恩・愛ででもあるかのようなたたずまいです。その答えは内観する以前には誰でも山のようにあると思っているのですが、深く内観をしますと、誰が調べてみましても経験的にみて「やっぱりゼロだった」ということをしみじみ自覚せざるを得ないテーマへと変化して行くのです。

父親Cの内観事例をさらに続けて見てみます。

かねてから息子がシンナーを吸ったり暴走族に入っているのは、それは息子の意志が弱いからだ。一体家に何の不満があるのだ。父さんも母さんも仲良くやってるし、お前がほしいものは何でも買ってやった。してやったことばかりだ。不満などあるはずもない。だのに非行に走って親を困らせる。このような自己本位的な考え方が父親の内観初期の「して返したこと」の想起事実でした。内観が深まってくるにつれ、父親Cの記憶は次のように再構成されました。

自分たち夫婦は協力して店をどんどん広げ、仕事に夢中になってしまっていた。その結果息子にはいつも淋しい思いをさせてしまった。その埋め合わせにあれこれ物を買い与えていた。息子は時に「父さんは冷血動物だ」といって殴りかかっていた。その意味もよくわかった。息子を非行に走らせたのは自分の愛情のなさだった。「して返した」と思っていたことは、すべてが息子に迷惑をかけたことにほかならなかった。

この父親Cはかつての自分の記憶をすべて自己否定的に再構成しました（三木善彦『第八回日本内観学会大会論文集』一九八五年、二八頁）。

となりますとこのテーマは、能動的な愛という理念からしますと元々ゼロかもしくはゼロ以下でしかない非愛テーマを、三つのテーマのまん中に、まるでハンバーガーのように差し挟むことによりましてその両側の、他人から受けた恩・愛の味わいをいっそう強く引き立たせる大事な要素になるテーマとして効果を発揮するのです。

とともに、「して返したこと」がないどころか、深く調べてみますと他人から受けた恩・愛を、ある時はこのように、ある時はあのようにあだで返している。まさに自己否定を増強するためのテーマであり、次の「迷惑かけたこと」へ内観者を導入する動機としての優れたテーマなのです。「して返したこと」のテーマに没頭していてふと気がついてみると、自分のして返したこととは、恩をあだで返したことではないか……。迷惑のかけ通しではなかったか……。と、こういうことで自分はいつしか水面的思考から深く潜って、へどろのたまった池底にまで突入し、そのへどろに匹敵する自分の汚さを知らされることによって、さらに端的に「なにも無かった」どころではなく、「恩をことごとくあだで返している」という、汚れ切った自己洞察に劇的に自分を近づけて行くテーマです。

このテーマは、内観者を思わず知らずのうちに「迷惑かけたこと」という、へどろに引き込む動機づけを与えます。そういう意味でこのテーマは、内観者を必然的により深い内観想起に移行転換させる要素として、極めて重要なテーマだといえます。

(4)　テーマ「迷惑かけたこと」

内観的記憶想起の指導理念のうち、最も大きな柱は、この「迷惑」という柱です。そのことは内観という記憶想起にかける時間の六〇%を「迷惑調査」に費やすよう吉本が指示していることからも了解できます。

かつてわたしが内観指導した、前科六犯の内観者Ｂ君（第一章―冒頭の事例）が、岡山刑務所の未決房でやった内観実例の中から模範的な一つのお手本を掲げることにいたします。この内観実例は幾万とある内観の仕方のお手本の中の白眉であり、内観法文化の貴重な遺産とさえいえるほどのものです。この内観実例には恩・愛の文脈に深く結び付いた、好ましい想起・調査のスタンダードの典型が明瞭に示されているように思えます。

この内観実例に現れたＢ君の内観の中には、単に母親から五円を盗んで母に迷惑をかけたという事実だけが述べられているのではありません。母から受ける、溢れるばかりの恩・愛に、共感している情況を深く心に留めていただきたいと思います。

一〇歳の時の母に対する内観（迷惑かけたこと）

その当時のわたしの家は貧乏のどん底でした。ある日買い物に行ったとき、釣銭をごまかして自分の小遣いにしました。わずか五円(2)をごまかしただけです。しかしその時分の母は、電車賃一五円を惜しんで、仕事先から疲れた体に鞭打ち、一時間もかけて夜道を歩いて帰ってくれていたのです。

温かいうどんのいっぱいでも食べたい気持ちがあっても、わたしたちこどものために、それも節約し、アンカの豆炭(3)が何個買えるからと、じっとこらえ、寒さに身をちぢめながら帰る母でした。
　母は草履の底に、タイヤをゴム糊ではりつけた手製の草履をはいて通って(4)いました。そうしてこつこつと爪に灯をともすようにして、必死でその日その日を生きていた母です。そんな母にとっては、この五円はとても貴重な額だったと思います。足を棒のようにして家までの遠い夜道を歩き、一五円の電車賃をもうけたと云い、行水を使って(5)風呂代七円をわたしたちにふりむけてくれた母……。それを思うと五円をごまかして平気で過ごしていたわたしの親不幸がくやまれます。

（村瀬孝雄監修『内観法入門』誠信書房、七七頁）

（2）一九八三年頃の五円は、一九九八年には約一〇〇円。
（3）アンカは手足を温めるための暖房器具。その中に入れたのが豆炭。これは木炭よりはるかに安価だった。
（4）履物が買えなかった。草履はすぐに破れるのでその裏に自転車の古タイヤをゴム糊で貼り付けてはいていた。
（5）行水＝タライにお湯を入れて汗を流した。以前町の中には、銭湯といって入浴料の安い共同浴場があった。B君の母親はそこにさえ高くて行けず、いつもお勝手で行水をしていた。

五　内観対照群とは何か

内観法は、記憶想起によって自己を調べる場合、

いわば他人という複数の「媒体」を天体望遠鏡の反射鏡（スペキュラム）に仕立て、それぞれの反射鏡の焦点に、無限の彼方に浮遊している自己の心を映し、その心を自ら観察する（スペキュレイトする）というシステムを採用しています。(6)

しかもその際、内観面接者は、父、母、兄、弟、姉、妹、友人、恩師など、各自に強く深くつながっている複数の調査対照群を、自己調査のための媒体として利用するように指示します。

ということは内観法は、対照物から照り返された映像、シャドー（影）によって、最も自己らしい自己を調べようというシステムになっているということです。

直接自分を反省しようとするのではなく、媒体に映る像を単にシャドーとして自分を調べるとは迂遠なことだと思われるかもしれません。しかしわたくしどもは日常生活の中で毎朝顔を洗うとき鏡に映る自分の影をみています。この鏡の中の自分は実は実体ではなく、本物に近似した単なるシャドーです。鏡に映った自分は、ものも言えない、耳も聞こえない、感情もない、考える能力も、咀嚼、呼吸、睡眠などなど、生物学的能力を全くもたない、自分の影です。それでも自分に見えます。

目に見える自分の顔付きや表情は、鏡の中に映ったシャドーだけでもおおよそわかります。しかし

姿、形のない人間のこころは鏡に映してみることはできません。五官を超えた実体としての自分のこころを映してみる媒体となるのが内観法で用いられる父母、兄弟などの対照群です。

内観法でいう対照群というのは自分の心を映す鏡です。それは自分自身と特に深いつながりのある人々のことでもあります。「子は親の鏡」ということわざがありますが、このことわざが内観法原理では一面で生きて働いているのです。このような親密な人びとに対して、わたしたちは内観以前にはしばしば頭に血が逆流するほどの、不快極まりないこだわりを持ち続けています。

栃木県喜連川町にある喜連川少年院に収容されていたある少年は、幼いときから母に虐待されたことを、「毎日のように棒で頭をたたかれ、『お前は汚いから玄関の土間で寝ろ』とか、時には『これでも食ってろ』と、残飯を食わされたりしました」と言っていました。ところがこの少年も、内観五日目には母の恩・愛に気づき、内観終了後の座談会では憎らしいと思ってうとんじていた母を、「大切な人」だといっています（季刊内観第四一号、二二頁）。

母なら母というイメージとしての媒体を、自分を映す鏡として利用するのですから、イメージがわかず、もしくは媒体の表面が母への憎しみで曇っていたりしたのではその鏡は自分を映す媒体としての機能を果たすことは、決してできません。

心像（イメージ）が形成され、しかもその表面が清澄になりますと、古い昔のエピソード記憶は、たとえ風化し曖昧模糊になったものでも、内観法による恩・愛の想起文脈に従って反復想起しますと、はっきり思いだされてくるという特性があります。次の内観感想文をご覧ください。最初のものはある現職の検事さんの内観事例です。

母に対する内観をしているうち、昔日のことがありありと浮かんでくるのには驚きました。確か安田シマさん（元静岡内観研修所長＝故人）のテープで聴いたのだと思いますが、何十年も前のお母さんの着ておられた着物の柄まで思い出されたというのも、間違いないと思いました。私も、小学校の父兄会に、母が着て来た着物の柄や、その着物の匂いまで思い出すことができました

（山田廸弘「体験記」吉本伊信編『内観の体験』三頁）。

次の事例は、わたくしが岡山刑務所に通って内観の指導をしたHという被告人の内観感想文です（拙著『出会いと共感』二〇九頁以下）。

＊今から二〇年も前の出来事が、まるで昨日のことのように思い出せるのは、内観のおかげです。こうして幼い時からのことがありありとわかり反省できたのは、生まれてはじめてです。九月一五日敬老の日、（八歳で生き別れになった）父のことを思い、孝行できなかったことをわびながら、この日は食欲もなく、特別に配給された汁粉とバナナ一本も食べられず、また、夜遅くまで眠れませんでした。

ひとひら、またひとひらと思い出す記憶に、なつかしさも悔恨もあります。ワーッと叫びたくなるときもあります。真夜中にだって、幾度布団の上に身を起こすことでしょうか。偽りのない

わたしのきもちです。

＊　近視眼のわたくしが、初めてメガネをかけた時のように、現在、すべてのものがハッキリと見えます。浅い内観ですが、常に怠らないようにいたします。（内観継続の）その間、幾度も大脳の表面に薄い膜が貼り付いているような感じにとらわれたこともありました。そんなとき（波多野）先生との面接で、静かな先生のおことばをかみしめるたび、暴風雨のような嵐にたたきつけられ、再び清新のきもちにたちかえることができました。

人びとは万人から受けた恩・愛の記憶をひとしく想起し発見すべきでしょう。そういう中で、内観法の標準的手法では、先ず最初に母の恩・愛の鏡に自分を映して観ることから内観を始めます。吉本伊信はその理由について次のように説明しています（吉本伊信『内観への招待』七七頁）。

母の場合には、ほかの人より利害関係抜きでしてもらったことが一番多いので、誰でもより容易に母からしてもらったことをしらべ出すことができる。それは丁度一けたのたし算のようにやさしい。だから母からはじめなさい。これに反して嫌いな人の内観は一〇けたの割算のようにむずかしい。訓練を積んでからおやりなさい。

一般的にいえば吉本の言うとおりだといえましょう。しかしある人にとって時には母は最もうらめしい人ですから、最初に自分にとって易しい母から始めるということにこだわる必要は必ずしもありません。

内観は吉本の言うように、常に一桁のたし算から始めるべきです。

（6）　わたくしは内観法の基本構造を、『鏡に映して自己を見る技法』として捉えている。speculate というのは黙想するということで、『想念の集中』である。これは meditation と同じ意味である。speculate と同じ語源とされるものに speculum がある。これは反射望遠鏡に取り付けるよく磨いた金属の鏡である。Martin Heidegger（マルチン・ハイデッガー）は、ヘーゲルの哲学について考察する際、特にこの黙想と鏡による思考の反射反映という関係を意味あるものとして捉えている（M・ハイデッガー『ヘーゲルとギリシア人』晃洋書房、七頁）。

六　特別な対照群についての内観

内観は父母兄弟など、自分にごく近しい人物を選んで対照群に決めるのが通常ですが、それ以外に次のような事物を対照群に選んで内観することも、かなりしばしば行われています。

(1)　ウソと盗みという対照群

世の中には幼い時に、父母をなくし、生き別れ、祖母とか伯母に育てられた人もいます。生まれ落ちた時から孤児として転々と飯場や児童福祉施設を巡り歩き、家庭や親族の温かい味わいはもとより、憎しみの対象としての「家族」すらイメージできない薄幸な人もいます。そのような人には、オーソドックスな親子兄弟についての内観三項目の適用はそのままではできません。三項目の三番目のテーマに、「迷惑かけたこと」を調べるという項目があります。この項目に更に特殊の味付をしたものが「ウソと盗み」というテーマです。このテーマはある種の人びとにとっては、内観三項目以上に重要なテーマとなり得るでしょう。

姿かたちのない私たちの良心は、法律、倫理、道徳、宗教的戒律などという、人びとにとってははるかな彼方で人生行路を照らしている、灯台のような航海の指針とは全く違います。良心はいつでも自己と共に住み、自己の不正な行動の決断面という切り口に牙（キバ）をもった第三の自己（フロイトのいう超自我）として出現するのですが、平素は誰にも気づかれず静かに存在しています。

人がウソと盗みについて内観しますと、ウソと盗みという反射鏡は、平素抑圧され続けてきた良心と一体になり、社会の人びとの恩・愛を映す反射鏡に劇的に変化し、たちまち醜い自己をウソと盗みのスクリーンの上に、鮮明に投影しはじめます。二つに分裂し、目を覚ました自己は、猛然と内観者目がけて襲いかかって来ます。

内観法的なものの見方は、具体的なつながりの中での生き生きした事実の想起が中心。その中にあってウソと盗みは、およそ恩・愛などという人びとの温もりとはあまり関係のないドライなものの想起だと勘違いされそうです。しかしウソと盗みというものの実体は、防衛的自我で堅くガードされ、声にならない悲鳴を上げている自分の良心に裏打ちされ、各自の記憶貯蔵庫の奥に、強く抑圧され、厳重にカギをかけて閉じ込められている恩・愛そのものです。内観は抑圧され悲鳴を上げている恩・

愛を解放するための優れた精神心理技法です。

前科一一犯（全部実刑）のH君は、その前科のすべてが窃盗（どろぼう）でした。彼は独居房にこもって昼夜内観五〇〇日間（一年四ヵ月半）、それこそ一日の休みもなくその全部を、ウソと盗みの想起・調査に費やしました。彼が調べあげたウソと盗みの数は、実に三、三一〇件に達しました。彼の内観日誌の感想文には、次のようなことが書かれています。

＊　冬の気配をひしひしと感ずる頃になりました。夜、耳の中に涙が入ります。一心に辿っています。わたしはある確信を得ました。自分の行って来た悪事は、たとえ忘却の彼方に去ってしまったものでも、それは必ず自分の脳細胞の深層にしっかりとこびりついているものです。自分を固く包んでいたものが溶け始めました。

＊　犯罪者の恐怖というものを心の底から味わうのは、追われている夢を見て、全身びっしょりになり、ハッと目覚めた真夜中です。それは、物音ひとつしない長い刑舎の、幽玄に沈んだ独房の中で独り味わう悲惨極まりない味わいです。

布団の上でガバッと跳ね起き、着ているシャツを脱いでかいた盗汗（ねあせ）を拭きながら、腹の中が凍るようなショック。なんという自分であろうか。泣きたくなるような、いや、叫びたくなるような孤独とのたたかいです。でも私は、孤独に負けません（拙著『出会いと共感』二〇九頁）。

生来的犯罪者といってもいいような常習窃盗のH君は、内観によって手厳しい良心の逆襲を受けていることがわかります。良心の逆襲はたとえばドストエフスキーの『罪と罰』や夏目漱石の『心』の主人公の良心の呵責が示していますように、それは自分の意志の力で防衛することはできません。そのような良心の逆襲がなぜ万人に共通して起こるかについて、P・ラルース（一八一七〜一八七五）は次のように説明しています。

自由の本質とは欲望を、他の人々との関係において自己規制するところにある。そのとき人は自由になる。だから自由は本来有限的である。人が悪行を行えば、良心の呵責は必然的に起こり罪への意識へと深まる。このことは自分の自由でどうこうできることではない。それは自由のもつ有限性の証左である（ラルース『哲学事典』一八五頁）。

百科辞典学者ラルースの思想に照らしてみましても、世の中に絶対的な自由があるというのは人々の単なる幻想か神話にすぎないことです。

アメリカの内観者P・マドソンもまた、「個人的な独立ということは、内観の教える英知に照らして見ると神話に過ぎない」と述べています（二六頁）。内観法の基底ある自己洞察の思想に立ちますと、自由とか独立という意気軒高とした至高の概念でさえ、思いもかけないことに、相互関連という環のなかにあるものへと姿を変えざるを得ないのです。

H君のような常習犯罪者に対していくら自由の有限性を説いて聞かせてもそれは恐らく何の役にも立たないことです。ところが内観によって自己の良心に直面させますと、幼少時から四〇年間近い間に三〇回近く、常習的盗みのため施設暮らしをして来た彼は、内観実習中の真夜中、良心の呵責に脅え全身に盗汗（ねあせ）をかき、腹の中が凍るようなショックを受け、布団上にはね起きたと告白しています。

吉本伊信は「ウソと盗みの内観」を、宗教への入場門ととらえていたようです。なぜかといいますと良心の呵責に目覚めた罪人は、キリストとか弥陀（みだ）といった超越者からの救いを深刻に求める心境に立ち至るきっかけになる可能性があるからです。

(2)　養育費という対象群

養育費の計算の科目として考えられるのは、おむつの交換、ミルク、保育園料、洗濯代、家賃、食費、教育費、バス代、ガソリン代、という種類のものです。甚だドライでぶっきらぼうな想起・調査の項目です。ところがそれを手繰りながら進みますと、不思議なことに無限大ともいえる父母の恩・愛の懐の中におのずから引きずり込まれて行きます。中学高校生といった年少者を内観法に上手に導入するには、養育費の計算問題が特に役にたつでしょう。

(3)　病気の原因という対象群

内観療法をアルコール依存症の患者にしばしば適用している指宿竹元病院院長の医師竹元隆洋氏は

病因のテーマについて次のように述べています。

従来の精神科の治療ではアルコール依存症の治療が必ずしも成功していなかったが、それは患者が精神治療の必要性を認めようとしなかったところに原因がある。内観療法は患者が主体的に取り組むことによって成立する治療法であるだけに、強制されることを嫌うアルコール依存症の患者に対しても基本的に受け入れ易い面がある。内観療法の動機づけを十分に与えたうえで病因に対する過去における自分の生活態度をふりかえるようにさせることによって病識をもつことの基礎を作る内観療法を適用すれば、相当の効果を上げることができる（竹元隆洋「アルコール依存症に対する内観療法の有効性」現代のエスプリ二〇二号、七五頁）。

一九八一年から六年間東北大学付属病院心療内科で内観療法専門の面接指導者として過ごした杉田敬氏も独自の病因テーマを作り、これを内観五日目の夕方から六日目の朝方にかけて患者に与えて実施していました（杉田敬「内観療法」心身医療 Vol.12. No.11、一九九〇年）。

(4)　身体・内臓という対照群

わたしどもは平素、生きてゆくことに精一杯のあまり、大自然から光を、そして休息の夜を、食物を育てる水と大気と大地など、力とエネルギーの源泉を頂き、それによって生かされています。

各自は自分の力に頼って、これこのとおり主体的に自由に生きて来たと確信しながら生きています。

人は決して自分一人だけの力で生きてきたのではありません。自分の作ったものでもないこの手、この足が、随時反射的に作動してくれているそのおかげで、生命的危機を幾度も逃れ生き延びてきました。そのことは皆、一再ならず経験している筈です。

わたしどもの睡眠中でも消化、呼吸、脈拍、体温保持をつかさどっている自律神経は、瞬時も休むことなく働きつづけています。

このような身体、内臓、神経といった対照群についての恩・愛をひとつひとつ調べることによりまして、内観者は、万有とのつながりの中にある小さな自分とか、あるいは膨満した自我を発見し、真の自己を取り戻すことができるのです。

七　日常内観（分散内観）

(1)　日常内観の意義

一日一五時間の内観を一週間連続しておこなう内観を集中内観と呼び、集中内観の実習後毎日三〇分ないし二時間、自宅の居室、駅の待合室などで、面接者抜きで毎日継続しておこなう内観は、日常内観または分散内観と呼ばれています。

集中内観も相当の動機なしには容易に達成できませんが、日常内観に比べればまだ実習が易しいといえます。日常内観は極めて実行が困難で、これを実行した人は極めて稀だといわれています。

内観研修所で一週間の内観が終わりますと座談会がありました。その時内観者は内観体験の素晴らしさを語ります。すると吉本伊信はすかさず、家へ帰った後も必ず日常内観に励むようにと勧めます。内観者たちは、「はい。家へ帰ってからも、毎日実行します」と約束はしますがほとんど誰もそれを実行しません。私は第一回目の集中内観の後、数日試みて止めました。日常内観はそれほど実践が難しいのです。その困難な日常内観を半世紀を経た今でも続けている人があります。中田琴恵さん（一九一四年生まれ八四歳。三二一〜三三三頁参照）がその人です。

吉本伊信は、集中内観によって内観者がたといどれほどの効果を得ても、その後日常内観を実践しなければ、その効果はやがて消滅すると考えていたふしがあります。そこには経験則上でも科学的にも半分の真理がありそうです。なぜかといいますと第八章で述べますように、集中的に反復継続して記憶想起を実践した者の大脳皮質や海馬の棘シナプスは、発芽、増殖、肥大等の変化を起こし、再構成した新たな記憶は、その後相当期間保持されることが強く推定されるからです（二〇一頁）。

(2)　簡易な随時随所日常内観

最も簡易な日常内観のやり方につきましては、第二章五（四五頁）で、私の簡易な日常内観のやりかたを具体的に説明しています。この方法をもうすこし一般化してお話しいたします。

私の開発したこの日常内観の技法は、ずっと以前体験した集中内観によって既に形成していますところの身近な内観対照群の心像に、集中内観のやり方と全く同様に自分自身の内心を映しながら自分を調べる技法です。

このような簡易な日常内観技法を実行いたしますには、かつて創造した「聖なる心像」(第六章五)を、自分の心の中にいつでも取り出して使えるように保存しておく必要性があります。この場合の心像とは、実は内観対照群そのものです。それは集中内観によって十分に磨き上げられた心の反射鏡です。ですから取り出してほんの数分間想念を集中しますと、各人がかつて内観で作り上げた聖なる心像は反射鏡に様変わりして自分の現時点のおぞましい内心を映し始めます(ユング『元型論』林道義訳、一一四頁参照)。

心像を利用する日常内観は、わずかな時間と空間とわずかなエネルギーでもって大きな効果を収めることができます。ただしこれは、集中内観法で「聖なる心像」を創造していない人の場合には実行が不可能な方法であることに注意する必要がありましょう。

一九九八年四月二五日、浅草公会堂で行われた「瞑想の森内観研修所」主催「喜びの会」で私は「内観のおはなし」という演題でお話ししました。その場に集まった六〇人ばかりの人々に、私のような簡易な、随時随所日常内観をひそかに実行している人がいるかどうかを挙手の方法で調査しましたところ、六名の人が実践しているとのことでした。中には一分程度で内観に没頭できるという人もおられました。

第四章　内観への導入

一　内観導入の両義性

内観導入という用語には二つの意味があります。第一の意味は人生の病苦、薬物、アルコール嗜癖、登校拒否、非行、犯罪その他人間関係のトラブルに悩んでいる人びとを集中内観の実習に動機づけをするための技法です。そして第二の意味は、内観実習初期のおおむね三日間に、非日常的な内観の恩・愛文脈に内観者をどのようにして導き沿わせるかというその技法です。

内観法を知らない人びとは、何かの精神的身体的苦難に見舞われますと、神社仏閣を経巡り、大病院で検査を繰り返し、「あらゆる検査をしましたが、どこといって悪いところはありません」という医師の言葉に滅入ってしまいます。Yさんの息子さんは、高校時代に何度も家出したそうです。家の入口を東向きにしたらと家相の鑑定師はいいます。氏神様にも四二日間続けてお百度を踏みました。そのうちYさんは脳血栓で倒れてものもいえなくなり、東京家裁の科学調査室長をしていた山本晴雄先生に相談しました。Yさんは山本先生の勧めで息子さんとともに二人そろって内観研修所を訪れ母子で集中内観の実習をしました。母と子の二人を同時に集中内観に誘い込むのも優れた内観導入技法だといえましょう。

内観研修所を訪れたYさんは吉本伊信師に言いました。「悪いのは子供です。憎むべきは息子です。子供にしっかり内観させてやってください」。多くの人は自分が問題児に振り回されていると確信しています。自分が悪いのではない、子供に問題があると思っているのですから、臆面もなく息子が悪いと繰り返すでしょう。

そのようなきっかけから母と子の同時内観が始まります。一般の人びとが内観研修所にたどり着き、内観室で内観実習に着手するまでの筋道は、おおよそそうした経過をたどるわけです。

Yさんのこの小さなエピソードの中には、上に述べました二種類の態様の内観導入が含まれています。このエピソードでいいますと、山本晴雄氏がYさんに行なった内観の勧誘、動機づけも導入ですが、こちらの導入法は技法としてご説明するには余りにも漠然とします。本章では集中内観実習がうまく進まない、最初のころの想念の混乱しているおおむね三日間に内観面接者が内観者に対して行う導入技法に絞って内観導入技法のご説明をします。

二　内観初期の想念の混乱

内観研修所を訪れる人びとは、恩・愛理念や恩・愛の文脈にはほとんど関心がありません。まして自己を改革するとか洞察するのはこわいことです。できることなら避けて通りたいことがらです。内観室に通された彼らの多くは次のような話を始めます。内観面接者はそのことをよく知っておく必要があります（柳田鶴声『内観実践論』一八一頁）。

(1)　自己紹介・自慢話・自己憐憫　　内観者は最初に自己紹介をしないと気が済まず、「まず自分の言うことをきいてもらいたい」というところから始まります。「内観はそんなことを聴くところではない」といっても、自分が病人だと思っている人は、自分を分かってほしい、情けをかけてもらいたいの一念で、病気のことをこまごま説明します。

(2)　他人紹介　　自分を語っていけないと注意されますと、母親のこと父親のことなど、他人紹介が始まります。

(3)　抽象的・全体的な説明　　母は常にやさしく明るくわたしに接してくださいました。一生懸命勉強してお母さんにほめられました。妻には過去二〇年間苦労のかけどおしでした。それに反してわたくしは悪い人間でした。深く反省しています。平素から手慣れた口先だけの心にもない軽やかな反省の弁は一見まことしやかですが内容は空っぽです。

(4)　想起テーマの混同　内観者は父のこと母のこと祖父母のこと、してもらったこと、して返したこと、迷惑かけたことをごっちゃにして話します。一つずつの内観テーマを厳重に分離してくわしく調べて行くまでには時間がかかります。

(5)　ことがらのら列　内観法の記憶想起は、自分の幼少時代からの、自分に尽くしてくれた母親なら母親の内心を思いやりながら、あくまで自身の内心の記憶だけを想起しなくてはならないのです。そのような記憶想起は内観初体験者には当初はうまくは出来ません。多くの内観者は子供じみたなつかしい思い出を語ります。お母さんの肩をたたいてあげました。買い物に行ってあげました。遠足のときおにぎりを作ってもらいました。おねしょして迷惑かけました。と、除々にではありますが、内観の外形を具える記憶想起に近づきます。彼らはこうして、

＊　自己紹介や他人紹介にのめり込んで長々と自分勝手なお話を繰り返し、
＊　具体的にお願いしますといっても、年代を区切らず一生の思い出を概括的に語り、
＊　父と母の思い出を一緒にして語り、
＊　してもらったことと、して返したことと、迷惑かけたことをひとまとめに語り、
＊　幼いときの甘い思い出に陶酔します。

内観面接者は、一人の人が内観実習を決意してここまで来てくれたことに感激しています。それに面接者としては、内観らしい想起文脈の入口にまで人が到達するまでには、どうしても三日以上は必

要だという認識もあります。ですから恩・愛文脈に関係のない、父母兄弟祖父母、友人と自分とのはるかむかしの甘い思い出に浸るところまで来ている内観者を、それでもひたすら支持し、「次の時間はどなたに対する何をお調べいただきますか」と、この時期にはあまり小言も言わず、恩・愛文脈に少しでも近づいてくれるよう注意しながら優しく寄り添います。私のように一週間にただ一回刑務所に通って内観面接する立場の者は、こういう内観らしくもない言いたい放題の内観者とのむだの多いお付き合いを、半年も一年間も繰り返すのです。

内観者の多くは自己を変革するという内観法にひそかな恐れをもつ人です。ですから最初から徹底して恩・愛文脈に沿わせようと無理強いをすべきではないのです。内観者の多くは自己の変革には不安を抱きつつも、しかも心の片隅では胸につかえているなにかトゲのようなものには気づきながら幼年時代の母子一体であった懐かしい幼少時代の甘い思い出へと自己を退行させ、甘い思い出に浸りつつウオームアップしているかも知れません。

三　内観の前庭期間

集中内観ではどんな人の場合でもほぼ一定して、内観らしい内観に絶対入ることのできない期間というものがあります。その期間をわたくしは「内観の前庭期間」と呼んでいます。

内観研修所での一日の内観の想起・調査時間は、午前六時から午後九時までの一五時間として計算されます。そのようにして内観の前庭期間というものの実質を計算してみます。

第一日目に日曜日の午後六〜九時の三時間、

第二日目はまる一日で一五時間、

第三日目はまる一日で一五時間、

第四日目は午前六時〜午後一時の七時間。

以上の四〇時間（約三日目）がいわゆる「内観の前庭期間」に当たります。

この四〇時間は、人が少々の努力をしましても、想念は容易に集中できない時期です。数多くの心身症の患者に内観法を適用した体験のある石田六郎医師も、

内観法で感情体験の得られるのは多くは三日（四五時間）以後である。

といっています（石田六郎「内観法の医学臨床」佐藤幸治編『禅的療法・内観法』二六九頁）。

集中内観のもつこの前庭期間という特殊な期間は、どんなに瞑想に習熟した人（たとえば禅の修練を積んだ人）によっても、おそらく融通・変更のきかない期間です。内観実習開始後一日とか二日で内観者を内観の恩・愛想起文脈に導こうとどれほどあせってみましても、どれほど内観面接者が優秀であり、内観導入技法に練達の人でありましても、おそらくこの期間の変更（短縮）につきましては、ほとんど何らの効果も現れては来ないでしょう。それはヒトという生物の大脳神経がもつ「可塑性」という生物学的特性に起因するものだからです。

栃木県の喜連川少年院で、集中内観を済ませた一〇〇人の少年に対する、「気持に変化の出て来た時期」についてのアンケート結果は（『季刊内観』第四一号、一九九六年二月、二六頁）、

第三日目　二八％
第四日目　四八％
第五日目　一六％

となっています。このアンケート結果を見ますと、大多数の少年内観者（七六％）が内観らしい内観に突入したのは三日から四日目にかけてのことです。

現在我が国では「一日内観」という内観まがいのものがまかり通っています。これは名前は内観ですが吉本伊信の開発した内観の精神を取り違えた手法です。人間の脳は、一日や二日間の内観想起実践では、脳特有の可塑性という特性を引き出すことは容易にはできません（第八章三）。

四　抵抗の徹底操作

内観の実習に入りますと、ほとんどすべての内観者は、その初期（前庭期間）に、精神分析学でいうところの「抵抗」や「退行」（八五、一〇八頁）に直面します。この二つは、あらゆる心理療法に出現する敵です。とくに前者は屈強の敵です。その敵を見事制圧し終えたとき、初めて自己否定に徹した真に内観らしい記憶の再構成が可能になるのです。

精神分析学でいう「抵抗」には二種のものがあります。第一のものは以下詳細に、第二のものにつきましては、本節ではごく簡単に触れ、後に第八章で詳しく述べます。

(1)　人間誰しも一方では、自分を変えなくては駄目だ、変わりたい、という意欲とともに、いつまでも今の自分のままでありたいと願う自我保護の気持を抱いています。だからでしょう。「自分を変えることへの抵抗」は、本人の自覚を超えてきわめて根強いものがあります（川原隆造『内観療法』一九九六年、七頁、R・マーシャル、一丸藤太郎監訳『心理療法における抵抗』一九九七年、一三頁以下）。

この意味での抵抗は、フロイトの言をまつまでもなく「心理療法に現れる屈強の敵」です。それを排除しようとして、精神分析家やカウンセラーや、その他あらゆる流派の心理療法家たちはただ一人の例外もなく、血のにじむような努力と工夫を重ねたのです。例えばC・ロジャーズが開発し発展させた「来談者中心のアプローチ」に見られる「クライエント絶対尊重」の面接技法はかつては革命的といわれました。しかしフロイトの直系といわれるR・マーシャルの説く前掲書を見ますと、この方面では最も無関心だと見られている精神分析の一派でさえ、実はロジャーズのそれと比べてほとんど遜色ない、謙虚かつ穏やかな手法を用いクライエントの抵抗を気にしながら接近し面接しようとしています。これは従来の精神分析学の通念・常識を打ち破るものです。

抵抗の本質を、このような文脈におきまして比較考察の目で見ますと、内観面接者の行う「合掌礼拝接近法」という独特の技法が、極めて有効な抵抗制御の技法であることがわかり、あらためてその技法の卓抜性と重要性を再確認することができるわけです。

内観法の合掌礼拝接近法には、抵抗を徹底して操作し排除しようという東洋的な「無為・無心の哲学」が見えます。その目的は面接者が面接に臨むために十分呼吸を整え（九六頁）、内観者に対して「この際何か有益な援助をして差し上げよう」という、誠意や真心のかたまりをそぎ落とし、面接者のはからいを捨て、内観者のポテンシャル（潜在的可能性）をひたすら信頼し、内観者の語るところを積極的に傾聴する姿勢を堅持するための調息技法として意義づけられます。それは謙虚な傾聴から、さらに全身を耳とするような無為・無心の自己を整えるための絶妙なウオームアップだといえます。

もとより内観法は恩・愛文脈に従いつつ記憶想起を行うのでなくては何らの意味も生れません（六二頁）。ですから面接者は個々の内観者について当然その統制・管理を行うべきです。

ところが内観の前庭期間にありましてはたちまち退行に陥り、まるで逆方向の荒野の道を彷徨する者もあります（一一〇頁）。そんなときでも内観面接者は内観者が前庭期間を終える頃には退行から目覚め、必ずや心的に転回するであろうことを信じ、寛大かつ無心に、成熟の到来を念じ、ひたすら待つことが肝要です。

内観法が採用しているこの合掌礼拝接近技法を学的理論に構成したうえで理解しますには、心理療法家にとって、自己改革を拒否しようとする抵抗を排除し克服することがどれほどの難事であり、心理療法各派がいかにこれに心を砕いて来たかという臨床的な多数事例についての比較研究が必須とされます。今までの臨床家は、不思議にも、比較研究への着眼・執着はほとんどありません。

こころない人々は、内観法の合掌礼拝を宗教的儀式だとしてあざ笑い、それこそが内観法を仏道修行の法として色づける象徴的事象に外ならないと即断し、内観法全体を誤解し誹謗したのです。

その誤解・誹謗を解きますためには、合掌礼拝の底にある臨床を含む学術的意義を、精神分析学の抵抗理論に関連づけて明らめることが何より肝要です。さらに心理療法において合掌礼拝が面接者を「無為・無心」という東洋的な禅的状態に導くということの有用性を理論と臨床によって体得することはさらに重要です。そのような理解と実践がオーストリア、ドイツ、アメリカの一部でさえ行われていることは、内観理論の国際化の可能性を雄弁に示唆する事象だといえます（二二一頁以下）。抵抗による内観実習の遂行障害につきまして、ここに二つのデータを提供しておきます。

①　一九七八年、川崎医科大学（岡山県倉敷市）の横山茂生助教授が、一九七一年の一年間に大和郡山市の内観研修所で内観実習した四六六名に対してアンケート調査をしました。一三〇名から得た回答の結果では、内観に入る以前に中途中断した人は、一〇％でした（横山茂生『第一回日本内観学会報告書』一九七八年）。

②　矯正機関が作った統計によりますと、刑務所での内観中断率は九・二％、少年院でのそれは二一・四％でありました（二二二頁に文献）。

合掌礼拝という究極の面接技法を用い、ここまで徹底して抵抗の徹底操作をしましても、内観法ではなお実習を途中でギブアップする者が統計上一〇％前後あることがわかります。ところがこの比率は、その他の心理療法の中途脱落者の比率に比べますと、ずばぬけて低いものです。内観が効くという噂の根底にはこのような中断比率の低さも大きな要因となっているはずです。

(2)　心理療法に現われる第二の抵抗は、楽しくない古い記憶を意識下に抑圧し、記憶想起自体をみずから無意識のうちに妨害しようとして現われる深層心理学的な「忘却」という抵抗です。

第二の心理学的抵抗を排除・軽減させるために内観法に組み込まれている技法は、内観三項目という単純パターンを一日に何百回となく高頻度に反復想起する技法です。

これは記憶の抑圧的忘失という心理的抵抗を排除・軽減して記憶想起を活性化しようとするゆえんのものです。内観のようなパターン化した単純な記憶想起法が大脳神経の活性化に極めて有効に働くのです。言い換えますとその単純な記憶想起活動が高頻度に神経回路を反復することによりまして大脳シナプスが肥大・増殖し、神経回路の電気的疎通が容易になり、記憶伝達物質の疎通性が高められます。その結果内観実習の二〜三日後には、古い記憶が思いがけなくも油然として湧出します。その結果内観実習の前には存在しなかった新たな記憶が、内観者のほとんど一生涯にわたって大脳シナプスに、永く固定・貯蔵され得るのです。

これ以上のご説明につきましたは、大脳生理学に関連づけながら、後に第八章三と第九章一で詳述することにします。

五　抵抗の排除・軽減技法

内観法がシステムとして講じている心理的抵抗感の排除・軽減策は次のようです（竹元隆洋「内観療法」精神科MOOK No.30、一九九四年五号、二三頁）。

①　同じ部屋に何人かの内観者がいるので安心感がある。
②　内観面接者の面接が三〜五分と短いので緊張しない。
③　屛風で仕切られているので人に見られず、保護されている感じがして安心。
④　行動の制限はあるが、静かで落ち着ける。
⑤　内観を強制されず、自発性に任されている。
⑥　指導者の丁寧なお辞儀や合掌によって、最大限に尊重されていることが実感される一方で、内観に対する真剣さや熱意を随時ほめられる。
⑦　それまで非難や叱責ばかりを多く受けて来た受刑者、少年院生、アルコール中毒者などは、面接者の受容的態度によって、その期待にこたえようという気持ちが強く湧いてくる。
⑧　内観の内容について詮索されないので、内観者は言いたいことだけ報告すればよく、言いた

くないことには触れられない。
⑨　内観の内容についていちいち評価されず、評価はすべて内観者に任されている。
⑩　報告は言いっ放しで記録されず、秘密が守られている。
⑪　日常の行動について指示・命令など一切されない。

完全な物理的無刺激性は、かえって異常な刺激にもなり得るということは、心得ておくべきです。右に列挙いたしました事項は、内観者の自己暗示性を高め、強固な抵抗を取るために設けられている実に巧妙な技法です。

「内観併用絶食療法」という医療技法が一九八〇年代初期から中期にかけての数年間、東北大学付属病院心療内科で熱心に適用されました。絶食期の第四日目ころからおおむね八日間（一日八時間の集中内観）終始ベッドに寝たままで内観を実習しますが、絶食者は絶食による内分泌の変化で被暗示性の進行による退行現象が著明になってくるので、この時期を利用して「心身相関への気づき」とか、「他者に依存しながら生活していた自分」という立場に、より容易に立たせられ、内観法の期待する治療的退行により容易に導入することができるといわれています（杉田敬他「絶食・内観併用法の治療構造と治療成績」『第五回日本内観学会大会論文集』）。すばらしい着想です。

五　抵抗の排除・軽減技法

内観面接技法の精神は、価値のない者に対する絶対的尊重ということであることはすでに第五章三で述べました。その精神は特に導入期にある内観者に対して適切に実行することが重要です。内観が深化した中期以後ですと、内観面接技法などということはほとんど無用になるといっていいかもしれません。それはなぜかといいますと、内観法の本質は自己心理療法ですので、内観者みずからが自己の心をコントロールし、あるときは抑制しまたあるときは自己暗示によって適切な動機づけを行うなど、自らが自由にその場とその状況に応じた内観深化促進法を実施することができるからです。

病院内での内観面接風景

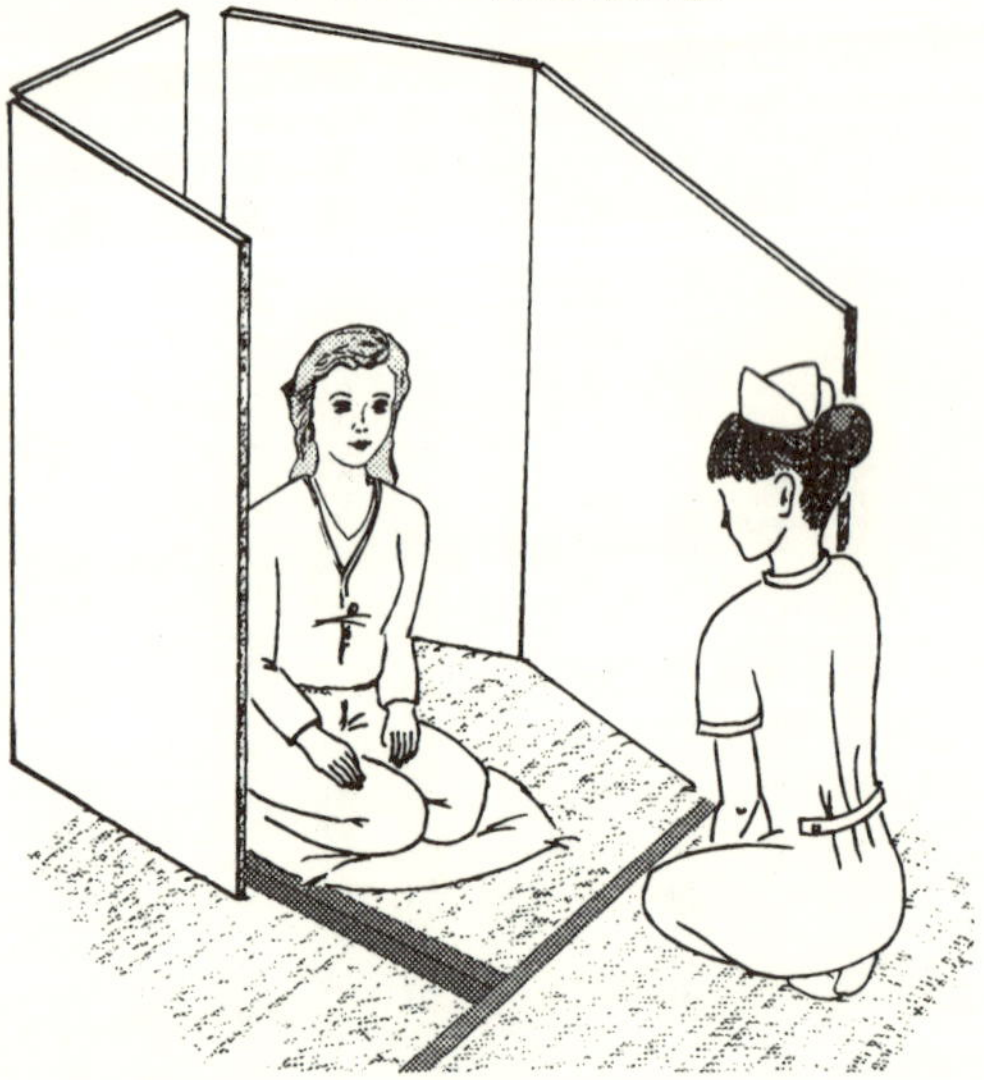

部屋の隅に屏風を立てて内観者を囲む。面接者はその一隅を開いて面接する。

次のような内観面接技法は内観導入期には特に誠実に実施されなくてはなりません。

① 内観室入室後一分間、面接者の呼吸を整えるため、静寂を維持する。

② 屏風の外で両手をつき約三〇秒間内観者を礼拝する。

③ お邪魔しますと声をかけ、屏風を静かに開き、再び②の要領で三〇秒間礼拝。

④ 「この時間どなたに対する、いつ

の時代をお調べいただけましたか」と質問する。

⑤　内観者は内観三項目の順序にしたがって調べたことを報告する。

⑥　次は○○に対する○歳から○歳までをお調べくださいますか、といって調べるテーマを定めた後、「ありがとうございました」と言い、②の要領で三〇秒間礼拝した後屏風を閉じる。

⑦　屏風の外で再び三〇秒間礼拝した後辞去する。

これは内観者が仏教者である場合の面接技法です。内観者が例えばクリスチャンであるときには、礼拝はおのずからキリスト者に適合するように変更することが肝要です。

六　内観導入の技法

恩・愛の文脈は一口でいいますと、ものの考え方といたしましては極めて非日常的なチャネルに属します。そのように内観者の心を非日常的な恩・愛の文脈に向けて切り替える作業は決して容易ではありません。

一九六〇年代からステレオグラム（裸眼による図形の立体視）が世間にお目見えしました。平面に描かれた図形を、一定の法則によって想念を集中して見つめておりますと、その図形が立体的に見えて来るのです。例えば立体的にねじれつながっている遺伝子の二次元的な二枚の模型図を裸眼で見つめていますと、それが三次元の立体図形としてくっきりと見えて来ます。

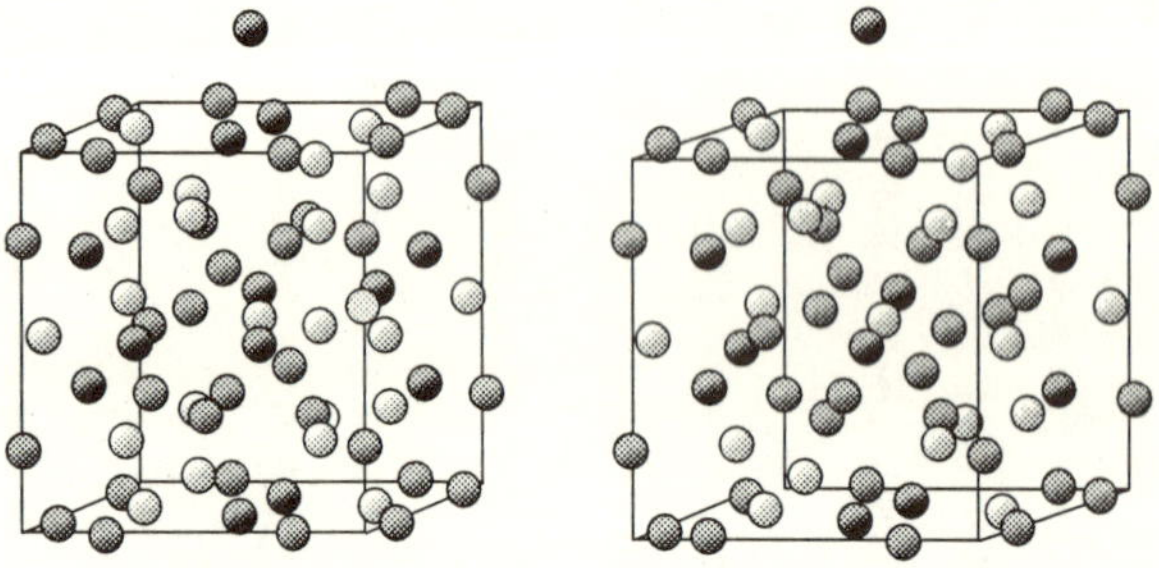

ある化合物の結晶模型。立体視することにより各原子の位置がわかる

出典）『C.G. ステレオグラム1』小学館，74頁。

人の目が平面的図形を裸眼のまま立体的に見得るという能力は、過去には全く知られていませんでした。その現象の大脳生理学的解明は今日未解明のままですが、内観法の期待する記憶想起法に内観者を導入しますには、ちょうどこのステレオグラムという非日常的な特殊な想念の集中に人を導くような特殊な技法が必要でしょう（ステレオグラムの詳細につき、『CGステレオグラム1および2』小学館、一九九三年、参照）。

内観導入法として利用されている技法は、おおむね次のとおりです。

(1)　内観名作テープの活用

内観名作テープを、まるでバックグランドミュージックを聴かせるように聴かせて内観者に一種の暗示をかけつつ内観導入する方法は、内観研修所に限らず、少年院や精神病院等でも広く実施されています。

栃木県の喜連川にある喜連川少年院でも、内観名作テープが活用されています。利用されたさまざまなテープの中から最も感銘の深かったものにつきましての内観少年に対するアンケート結果は次のようになっています（『季刊内観』四一号、二六頁）。

＊　親分男になる　　七〇％

暴力団橋口組の組長であった橋口勇信氏が、内観によって悔悟し、刑務所から暴力団の解散を宣言し、出所後近隣の人々の経済的支援を受けつつ更生するドキュメンタリー。

＊　処刑を前に　　三〇％

強盗殺人罪を犯して死刑判決を受けた戸田直義氏が、内観によって深く自分の罪を悔悟し、やがて処刑されて行くドキュメンタリー

＊　懺悔の記録　　一一％

岡山少年院に収容されている少年が、内観によって自分の過去を振り返り、優しかった母や妹から受けつつ育ったエピソード記憶を、涙と共に想起し悔悟するドキュメンタリー。

少年院以外の内観実施施設でも、例えば小学校五年生のとき両腕を失いながら日本画家として活躍している南正文画伯の人生談義、離婚、酒の害、シンナー、非行など数多くの内観名作テープを取り揃え、内観導入の時期に内観者に聴かせています。その時期の内観者は何かに想念を集中しようとい

う意欲はほとんどなく、いやなお話には遠慮なく明確な拒絶反応を示します。ですから用意されている内観名作テープの種類は極めて豊富で、心を震わせる感動的な実話が効果的であるとされます。

何かを熱烈に求めようとしている内観者の自己暗示性が強まったときに聴いたテープは、乾いた砂が水を吸収するように内観者の心の奥にまで染み込みます。

(2)　論理による説得

内観者を受身の恩・愛文脈に沿わせながら想起を進めて行かせますには、内観者の観念を常識から一八〇度切り換えさせるという工夫が必要です。一つの事例によってご説明いたします。

常識家の普通の亭主Ｄが内観しました。つぎのものは論理療法による観念の転回技法です。

「妻からしてもらったことを調べるのですか。妻にはわたしからしてやったことばかりです。妻からしてもらったことなど一％でもあればいいでしょう」

「あなたはその一％の事実だけを調べればいいのですからきわめて簡単ですね。ところであなたは、どのくらい奥さんに下着類を洗濯してもらっておられるんですか」

「はい。わたしは大変きれい好きですし、女房は洗濯好きですから、パンツは毎日取り替えます」

「あなたがきれい好きというより、奥さんにきれいにしてもらっていらっしゃるのではありませんか。毎日というと一年三六五日には約三六五枚、結婚なさって二〇年ですから、相当の枚数ですね」（柳田鶴声『内観実践論』一八八頁）。

面接者はこのように水を向けます。それだけで内観の想起文脈に不慣れな内観者Dが、妻から受けている恩・愛の真の大きさに直ちに気づくとは限りません。理屈で諭されればそのとおりで、言い訳もできないが、月給も袋ごと渡しているんだし、パンツの洗濯など毎日とはいえ、ささいなことさと理論武装します。面接者はそういう内観者Dの強固な常識と防衛的な自我を、内観者自身の内からこみ上げて来る気づきで破砕するところまで誘導して行かねばなりません。その先は、内観者が自ら工夫しながら自己否定し、自己対決を重ねつつ恩・愛文脈の中に隠されている微小であるが実は巨大な恩・愛エピソードを探索しながら続ける心の旅です。

(3) 内観原法のデフォルメ

内観名作テープを聴かせてもあるいは論理的説得でも、時には内観らしい想起文脈に立ち入ることのできない内観者が、少数ですが時には出現いたします。このような場合には、内観者の考え方を内観的に切り替えるためにある程度、原法に次のような変更を加えることも必要かと考えます。とくに精神病院に入院中の患者の、内観導入期における面接技法についてこのことが必要になりましょう（これらは現に札幌太田病院で実施されているものです）。

(1) 入院患者には全員に「内観日誌」という冊子を渡しておき、それに毎日所要の事項を記載してもらう。これは高橋正氏のいわゆる行動内観の技法（七を参照）に属するもの。
(2) 入院後、内観について適宜説明し、カウンセリングによって内観実習に対する不安や抵抗を取り除いてゆく。
(3) 病室のベッドに寝かせたままでの内観実習が（東北大学心療内科方式）最も抵抗が少ないので、これから始めることもある。
(4) 屏風で囲むのは、個室である内観室での内観実習に慣れができてからにする。
(5) 一日のうち朝だけ、午前中だけ、就寝直前の二時間だけという分散型内観から導入する。
(6) 内観室に移ってからも出入り自由、居眠り随意であることを許す。
(7) 内観に飽きて拒否したら、一〜二日休んでその後に再度勧めると、素直に応じて来る場合が多い。
(8) 病院の職員が自分の内観体験を語って勧めることは、導入について非常に効果的である。

そのほかに、例えば自我の弱い人の場合には「迷惑をかけたこと」というテーマを省くことが精神病院ではまま行われています。

電卓を利用すれば機械的に答えの出てくる、「養育費の計算」といったテーマを最初に行うことも可能でしょう。

(4)　カウンセリングの利用

内観者が自分の言いたいことを全部吐き出してしまわないと内観に導入できないという場合が非常にしばしば発生します。そのような場合にありましては、同室の内観者の内観実施に迷惑がかかりますので、内観面接者はその内観者を別室に案内しそこで内観者の言いたいことをよく聴き、適切なカウンセリングを施しています。

恩・愛文脈という日常の社会生活では不慣れな考え方の文脈に入って行けない内観者もままあります。そのような場合にはカウンセリングが必要でしょう。

以前わたくしの担当していた強姦事件の被告人で、吉本伊信師のもとに送って内観させようとした大学生がいました。彼は二回も内観実習を中途放棄して岡山に帰って来ました。この学生にわたくしはカウンセリングをしました。するとその学生は内観のやり方を会得し、もう一度吉本伊信師の下に急行し、内観実習を最後までやり遂げ、被害者と和解し、執行猶予の判決を得ました。

七　行動内観技法の応用

元公認会計士であった高橋正氏は、かねてから内観法の活用を自己発見だけにとどめることなく、内観によって日々日常の「行動の品質管理」まで高めてゆこうとして研究を重ねました。

そのような研究から行動内観という、一種のデフォルメされた集中内観技法を創造しました。

吉本の内観原法では、困難な集中内観実習に先立つ事前準備がないため、限定された一週間という時間内に、十分な効果を上げられない人もあります。そのようなことをなくするため、高橋氏は自己の経営する行動内観研修所で内観実習しようとする人には、入所の一カ月前から「自分と人生を共にしていた人」という一覧表を送り届け、自分が生まれたときから一年きざみに過去の記憶を正確に想起しあらかじめその空欄を埋めたうえで集中内観に参加させるのです。

このような事前準備をしておきますと、内観者はより強い意欲と学習成果を備えていて、おおむね一～二回目の面接のときから正しい応答ができ、実習初日の四巡目では、集中内観の三～四日目の応答水準に到達するといいます（高橋正、石井光「行動内観研修における事前住宅研修について」『日本内観学会発表論文集』一九九五年、八二頁）。高橋氏の開発した行動内観は、一般の内観よりもより質の高いものをねらったものです。事前準備という制度が内観の品質の高さを保障するでしょう。

一般の集中内観や病院での内観療法でも、徐々にこのような事前準備としての記憶想起の予行演習としての「記録内観」が行われているようです。記録内観という用語は、一般に自宅で任意に自由に行う日常的な記憶想起事項を、一定のノートに記録しておくことを指しています。

札幌太田病院では、このような内観療法適応の患者にはすべて「内観日記」というノートを渡してそれに毎日記入させるとともに、家で待期している患者の父母などにも、そのような内観日記を記入させています。

第五章　想念の集中技法

一　想念集中の構造

自分自身にとって最も身近に存在している自我。しかしその自我像ほど遠くかすんで不分明、不可解、これほど見えにくいものもありません。わたくしたちの自我の領域と、膨満肥大した自我の領域は互いに入り組み、その境界領域は曖昧模糊としています。自我の膨満肥大とは、それはいってみれば子供の虫歯のように、ある方がむしろ普通で、ないのが異常といっていいほどのものです。ですから自我の膨満肥大という異常は、人間のだれもが普遍的にわずらっている、異常ともいえない異常であるといえましょう。

自分の自我はなぜ見えにくいのでしょう。それは、自己に不快・不都合な記憶はことごとく意識の底に押しやり、各自の心の奥底や無意識の中に抑圧しておかれているからです。そのような自我抑圧のために、わたしどもは想像を絶するエネルギーを浪費しています。それだけ日常的に抑圧エネルギーを浪費するのですから、人びとの心身にはありとあらゆるストレスや異常が発生します。その原因は抑圧された自我のせいであるのに、それらは他人のせいだ、病気のせいだなどと合理化してごまかします。人間だれしも日常的に次々うまい合理化（ウソ）を考えつつ病んだ自我を培養し、このようにして作った自我を抑圧しつつ苦しい日々を生きているのです。

内観法のしくみを分かりやすくイラストしますと、内観法とは自我膨満というウソの中に沈没して動きのとれなくなっている自己に照明を当て、恩・愛文脈で磨き上げた反射鏡の、そういうありのままの自我を映し出し自ら観察する技法です。

第二章では反射鏡の表面を磨く研磨材ともいうべき・恩・愛理念とその文脈について述べました。第三章は自己を映す数種のメンタルな反射鏡（対照群）についてのお話でした。本章ではいわば暗闇の中にいる自分を反射鏡面に、より明瞭に映すために光線を投射し、焦点を合わせる仕組みについてのご説明です。

言い換えますとそれは内観実習の中で想念を集中するための技法のことです。

わたくしどもは自我肥大膨満に一方的に冒されっぱなしの哀れむべき存在ではありません。自我膨満肥大の対局には、ほとんど無限大といっていいほどの潜在能力が隠されて存在しています（一八六〜一八七頁）。抑圧され病んでいる自我の中に隠されている潜在能力は、普通の方法では極めて開発しにくいものです。しかし自我の抑圧を論じることより、潜在能力の開発法を論じることの方がより重要です。

二　想念集中のスタンダード

(1)　想念集中の内観システム

集中内観の初期には、人間誰しも想念の混交、迷走、断絶、乱舞、乱反射に泣かされましょう。内観法の根幹となっている記憶想起法は、想念集中のために次のような一般的技法システムを用意しています。

1　内観者を、日曜日の夕方から土曜日の夜までの一週間、日常的雑事からも外界の騒音からも完全に遮断するため、比較的広い部屋の隅に立てた屏風の中に隔離する。

2　入浴、トイレ以外で内観室を出ること、および私語、文通を禁止し、周囲、外界との接触交流をほぼ完全に、しかし緩やかに遮断する。

3　内観者に「身近な対照者に対する、暦年順の古い昔のエピソード記憶の想起・調査を」助言指導することにより、内観者を遙かな昔、幼少時の依存の時代に引き戻す。

4　調べようとする自己像をより鮮明に、対照群という反射鏡面に結ばせるため、面接指導者は内観者に対して、次のような指示を与えます。

(1)　内観三項目と恩・愛の文脈から寸時も逸脱しない。

(2)　記憶にある限りの幼い時代から、暦年順に想起をはじめる。
(3)　想起・調査の対照群の選択は、一時一名を厳重に守らせる。
(4)　三つのテーマは、一つ一つ区分して調べ、混ぜ合わさない。
(5)　同じ対照者、同じテーマの調査を反復繰り返し行う。
(6)　慣れるに従って、想起の暦年順の区切りを次第に狭くする。

このような指示を与えたうえさらに、

(7)　概ね一～三時間おきに内観者の面接をし、調査結果の概要を拝聴し、進行に応じ微調整のための指示激励をし、
(8)　助言終了後、「ほかになにかご質問やご用事はありませんか」と内観者に念を押して問いかけます（ご用聞きといいます）。

(2)　退行とその反転

内観法では内観者に、記憶にある限りの幼い時からのエピソード記憶を想起するよう求められます。それはなぜかといいますと、心理療法としての内観法では記憶想起の始め（前庭期間）に、内観者を、自我が未発達、未分化の幼児時代にひと先ず引き戻すことが必要だからです。当然これに伴いまして自我力未発達の幼稚な状態が現れます。

それは自己改革に対する心理的抵抗感情（九〇頁）を自己暗示によって弱め、それを反転してプラスエネルギーにするため、生々しい退行に落とし込もうという巧妙な心理操作です。その退行を、想念集中とともに反転させ、成熟した自己否定による自我の調和的発展の境地に向かわせます。それは成長するプラス方向の自我力を、自我の持つマイナスエネルギーとしての精神運動機能に乗せて反転させたうえで活性化し、これを進歩・向上に結びつけ、自己を離して観察する能力に目覚めさせ、自己対象化を容易にするための精神運動に特有な必須のプロセスです。退行が逆転力を持つというのは自我固有の特性だといえましょう（川原隆造『心理療法の本質』八八頁参照）。

内観法の前庭期間に現れるこの不思議な退行は、押し寄せる前に宮古湾の海底が見えるほど潮を強く引き戻したチリ地震津波（一六〇頁）の不思議な逆説的原理現象に比すこともできます。

退行現象は心理療法では自我の成熟・深化の予兆として捉えるべき逆説的構図です。一般の心理療法ではそのような退行があってはならないものと考えがちです。そうは考えないのがC・G・ユングの根本思想です（河合隼雄『ユング心理学入門』〇〇頁）。この思想は内観法の予定する退行の根本構造を如実にあらわすものだといえます。のみならずこの逆説的構図は、対立拮抗することによって疎通・脈絡性を効果的に高めようとするヒトの神経回路の基本的構造（二〇一頁）にも、そしてヘーゲルのいう精神の発展構造（一六四、一七二頁）にも符合するものであることは興味深いことです。

内観法は至るところにこのような逆説的対立拮抗原理を隠し備えています。わたくしどもは「退行」とその逆転を一つの手掛かりとして内観の本質的構造に迫って行く必要があります。

柳田鶴声氏（二〇〇〇・一・三〇逝去）はその著書内観実践論に多くの退行例を挙げています（第四章二参照）が、その他にも氏が挙げているより具体的な退行事例の中から代表的なものを次に掲げておきます（長山恵一「治療者・患者関係と治療構造から見た内観療法」『心理療法の本質』八四頁）。

その一見馬鹿ばかしく見える幼稚な退行がやがて逆転し進歩・成長に向かって逆の成果を生みます。退行はそのものの存在よりも、これに次いで起こる逆転的進歩・成長のメカニズムと合一して観察することが大切です。

①　してもらったこと

＊　頼みもしないのに、上等なカバンを買ってくれました（不満が潜在する）。

＊　私が言うことを聞かないので頭から血が出るほど殴ってもらった（うらみが潜在する）。

②　して返しったこと

＊　学校の成績がよかった（自分のためであり、して返したことには当たらない）。

＊　就職して上げた（自分のためである）。

③　迷惑をかけたこと

＊　父は時々酒を飲んで暴れることがあり、それに対して文句を言った（攻撃感情）。

＊　毎日のようになぐったり蹴ったりする母の気持ちを理解せず、文句をいった（うらみの感情）。

(3)　反復し、繰り返して想起する

内観想起、想念集中に成功する第一の秘訣とは、恩・愛文脈からかた時も離れず、記憶想起を高頻度に反復繰り返すことにあります。初めのうちはどの内観者も、概念記憶としての「恩・愛文脈」とは何かということが容易に理解できませんので、いきなり目標とするエピソード記憶の想起にどんぴしゃりとぶつかることは出来ません。しかし失敗の連続を伴う内観者の想起努力の反復が大脳神経の可塑性という特性を、ある時点でを必ず目覚めさせるでしょう。

(4)　想念集中とカタルシス効果

このような調べ方をしながら自分の内観を進めますと、

①　恩・愛想起への想念の集中度が高まり、自責・自罰傾向が内観らしく進み、
②　雑念に妨害されないで過ごせる時間が増加し、
③　調べる反復継続の回数が増加し、
④　調べるエピソード記憶の焦点が狭まり、思いがけず大事なエピソードの想起ができ、
⑤　調べるエピソードへの臨場感が一挙に高まり、
⑥　共感湧出への過程が効果的に短縮され、はっとするような内観らしい想念が激しい感動をともなって湧き起こります。

それは大脳神経の特性として、神経回路の中を、同じパターンの想起文脈が高頻度に通過することにより、神経回路の電気の疎通性が急速に高まり（閾値《いき》を超えたところで）、想起が飛躍的に容易になり、共感が油然と湧出するようになるからです。

「同じ文脈の反復繰り返し」という、執念深い内観の意義に関連致しまして、一つの内観事例を、N少年の内観記録の中から抜粋してご紹介いたします。

内観していてふと思いました。それはどんなにやっても底がないのです。一つの汚物を取り除いていきますと、こんどは人間として大切なものがどんどん出て来るようです。あっ一つ気がついた。そしてよくみると、それで終わりではなくて、なんのなんの、探せば探すほど出て来ます。次々湧いて出て来ては、深く胸に染み込む。その繰り返しです。今日は自分のやった内観にウソ偽りがなかったか。そのときどんな気持ちで内観したか。内観していた自分の姿を内観してみました。すると波多野先生に見せるための（ウソの）内観があったように思いました（拙著『出会いと共感』二四一頁）。

またHという内観被告人はこういっています。

川の水の面は、太陽の光を反射し、また月を映しますが、その水面のすぐ下には、長年の間に沈殿堆積したどろっとした有機物が存在しています。素足で入っていない者には分かりません。素足で探りながら進めば進むほど、濁りが一層ひどくなります。恐ろしいながらにも前に進みたいのです（拙著『出会いと共感』二二九頁）。

H君やN君は、表面は清澄に澄み切っているように見える自分の汚い心の奥を探りました。深く内観すればするほど、自分の心の中に腐敗した汚いこころが堆積しているのが如実に見え、自分の心のウソ加減や心の濁りはむしろ一層ひどくなると告白しています。

こうした認知は、精神分析学でいう抑圧された自己の認知です。平素は忘れられているものの、自我を抑圧するために人びとは尋常ならざるエネルギーを浪費しているのです。この告白は内観深化による自己の自己に対する真実の共感湧出の状況を現すものです。それまで抑圧されて見えなくなっていた真実の自己が素直な言葉として表出され、これによりましてカタルシス（精神や心の浄化）が行われたことを意味します。

H君がこのような感想を述べた時点は、彼が二〇〇九個目の「ウソと盗み」の内観を終えた日（内観開始後七カ月余り）でした。前科一一犯という惨めな経歴が彼の肩書であったH君のこれらの言葉は、まるで修行僧の残した赤裸々なことばのように、気高く感じられます。

繰り返し調べて出会い得た、そのような想起の中には、内観者にしみついている汚辱が一転して宝玉のように輝きはじめ、罪と罰にまみれた内観者の悲嘆がたちまち霧散して歓喜に包まれ、逆転に次ぐ逆転の自己否定契機が裏表一体の姿で同居しています。内観面接者の面接には、抑圧されたものをすなおに吐き出させる次のような特殊な面接雰囲気（ラポール）が存在するからです。

三　価値なき者への尊敬と配慮

吉本伊信の創始開発した指導法には、人間の潜在能力を極限にまで尊重し、「拝みつつ内観者に近づき謹んで拝聴する」という内観のもつ母性的受容態度とともに、礼儀正しく毅然とした父性的裁断的態度をミックスした面接技法が込められています。ここに見られる指導面接技法の意義を、教育哲学と認知心理学の立場から吟味検討いたします。

(1)　教育哲学からみた意義

内観法は、底知れない潜在能力をもつ人間を、こころから尊重するために、次のような教育哲学がその底におかれています。

人間の自我膨満という異常の底にはこれと一体でたくましい向上心が宿っている。けれども各自の持つたくましい向上心は発見しにくくまた極めて壊れやすい。

内観実習が始まって以降、どの内観者にも、想念が混乱しどおしの足掛け四日間が存在する。だから内観面接者は内観者畏敬の念をもち、敬虔な態度で内観者に接しなければならない。

集中内観実習統計によりますと、内観者の大半の人（約九〇%）がそのように状態で、平均三日間の混迷を乗り切ろうと努力しています。内観面接者は内観初心者がそのような想念を集中できない混迷の中で苦闘しているときこそ、内観者のヤル気を奮い起こさせるため、静かであたたかなたたずまいを示すべきです。

わたしは一九九〇年に、ドイツのアーデルスハイム少年刑務所の見学にいきました。そこの少年集会室に、一つの小さな詩の入った額縁が掲げてありました。

わたくしが最も価値少なき者であるとき
愛してください　なぜなら
そんなときにこそわたしは
最も切実に　愛を求めているのです(1)

この詩の意味は、内観面接者がすべての、自己を喪失した最も価値少ない内観者を尊重し、面接の都度礼拝したうえで話を聴き、面接が終わればふたたび合掌礼拝してから辞去するというような、一見非常識で奇異に感じられるその所作を底礎するところの哲学を、キリスト教的な愛の思想によって表現した詩としてとらえることができましょう。

埼玉県川越市にある川越少年刑務所には、わたしの恩師牧野英一博士の作られた次の短歌が石に刻まれ歌碑として残されています。一九三八年（昭和一三年）に建立されたものです。

日のかげを
惜しみてほめて野の草も

あけにもえずや　黄ににおわずや(2)

日陰者といわれ、人々から嫌われさげすまれている少年受刑者諸君よ。決して卑屈になってはならない。きみたちは過ちを犯したとはいえ、みんなそれぞれにすぐれた天性、特質（潜在能力）をもっている。どうか諸君の天性、特質を精一杯に伸ばしてくれ。君は朱（あけ）に燃えなさい。そして君は金色（こんじき）に輝くがいい。わたしたち少年刑務所の職員は、君たちの一人ひとりにそれを心から望んでいる。

この歌碑は、すべての犯罪者から向上と進歩の可能性を引き出して行こうという、ペスタロッチーや牧野博士の教育思想を石に刻んだ、世界に誇るべきモニュメントです。

(1)　一人の少年が、ロープにしがみついている。その下に見えるドイツ語は、次のような格調の高い名文である。

Liebe mich, wenn ich es am wenichgsten verdiene ;
denn dann brauche ich es am dringendsten!

(2)　牧野博士がこの短歌を作った五年前の一九三三年（昭和八年）、時の文部大臣鳩山一郎は京都帝国大学の滝川幸辰教授を強制罷免した（滝川事件）。もともと鳩山文相は、東京帝国大学の牧野英一教授と末広厳太郎教授を思想不良のかどで強制罷免するつもりだった。ところが文相には、東京帝大教授を罷免する権限がないと分かったので、急拠矛先を京都帝大の滝川教授に向けたといわれている。

牧野博士のこの歌には、犯罪者個人の人権を守るとか、教育可能性を尊重するという、当時としては「危険思想」とされる教育哲学が込められている。この思想は遠くペスタロッチー（一七四六〜一八二七）に淵源がある（村井実

『教育思想』〔下〕、九二頁）。牧野博士と相前後してもう一人の東京帝大穂積重遠教授（民法）も川越少年刑務所に次のような自作の短歌を届けている。

緑なる野は一色と春は見し、秋はさまざまな色にてありけり

穂積教授のこの短歌の趣意も、先に引用した牧野博士のものと全く同一である。国を沸かせた滝川事件のその直後に身の危険も顧みず、あえてこのような危険な教育哲学を鼓吹する挙に出た二人の学者の心には、学問の自由を断固守り抜こうとする凜とした気骨が見られるというべきであろう。

(2)　認知心理学からみた意義

人間の潜在的可能性を内観によって開発しますには、指導者は何を措いても内観者に対しまして内観実践の導入につき、心理的抑圧を生む不幸な不安を与えたりなどせず、内観をやり遂げる気持ちを起こさせることに全力を注がなければなりません。

A・Fゼラーの実験（一九五〇年）によりますと、記憶想起の当初に失敗を経験した者は、しなかった者の場合に比べて記憶再生の成績がはるかに悪かったといいます（ロフタス夫妻著、大村彰道訳『人間の記憶』一一九頁）。内観法は自我の力が一定限度の強さをもつ人にしか適用できない自己心理療法です。自らの強い意志の力と責任において実行するものです。したがいまして実習の途中、動機づけの弱さとか自我発育の不全性などから脱落する者も発生します。ですから指導者はそれでなくても何らかの抑圧・不安を持つであろう内観者を極力支持し、礼拝し、できるだけ温かい家族的ないしは

友愛のこもった雰囲気の環境下で、各自の前庭期間を進ませなければなりません。

内観面接者は、内観面接をするたびごとに内観者に穏やかに近づき、深々とお辞儀をした後に質問を発します。このような技法は、内観という心理技法が宗教であると受け止められかねない危険な特徴ではあります。このハンディは受忍するべきものです。宗教にあまり関心のない精神科の患者である内観者にその是非を尋ねますと、「それは引き続き行った方がよい」というそうです。面接者と内観者の気持ちが一体になり易い。厳粛さがあって身が引き締まる。というのがその主な理由です。

精神病院に入院中の内観者の方は、最初はいきなり礼拝されることにとまどいを見せますが、二回目の面接の時からは極めて自然に面接者に合わせて合掌しお辞儀をするようになるといわれています（竹元隆洋「瞑想の精神療法―内観法の理論と実践―」現代のエスプリ No.202、一七頁）。

四　内観面接者の職務の本質

内観者と面接者の結び付きは、カウンセラーとクライエントのようにそれほど密接なものではありません。しかし内観に面接者はなくてはならないものです。その理由は次のとおりです。

①　内観技法の枠組みは極めて精密、厳重、変更不可能です。面接者のないままでは誰もこの枠組みを、内観者に常時遵守させながら内観を進めることはできないでしょう。

②　記憶想起の想念が集中するその前にある無為徒過の「前庭期間」が、平均して足掛け四日間

もあり、面接者なしでは、この長い前庭期間は内観者には恐怖になります。

③　内観者は面接者から絶対的に尊重される立場にある人です。だからそのことを合掌礼拝で示すのです。心の温かな人なしでは、内観は成立しないといえます。

吉本伊信の内観研修所で、たった半日か一日の面接指導の実習訓練をしたに過ぎない多くの刑務官たちが、一九五五〜一九六五年ころ、全国の刑務所でおそらく二万人を越す受刑者に内観の面接をしました。

徳島刑務所では一九六三年に、内観実施四周年を迎えました。その年、徳島刑務所の内観者は、丁度一、〇〇〇人に達しました。その時点で総面接指導回数は二万八、九五三回でした。これを内観者一人当りに換算しますと、一人につき約二九回になり、一日の面接指導回数は、約五回になります。この数字から推計しますと、面接頻度はほぼ三時間に一度の割合です（二二二頁の文献）。この数字は刑務所の内観面接者の人間的温かさを雄弁に物語っているといえます。

内観面接指導者が玄人の心理臨床家である必要がないことにつきましては、次のような意見が参考になりましょう。

①　内観指導者は必ずしも心理療法の練達の士である必要はない（信州大学竹内硬教授＝吉本伊信『内観四十年』一六頁）。

②　内観指導者は五、六人の内観者の面接訓練をやってみれば、それで十分（吉本伊信『内観への招

待』二五五頁)。

③　内観者は主人、わたしは主人に仕えるしもべとなってただひたすらにその内心を聞かせていただいています（柳田鶴声氏『内観実践論』二七頁)。

④　武田良二（一九九四年当時東京理科大学教授）の言を借りるならば、内観を信頼している人ならば内観面接は誰にでもできる（村瀬孝雄『精神療法研究』一九七〇年八、四八頁)。

五　有効な内観の評価要素

自分の想念を内観的に集中しましても、内観が深い場合と浅い場合があります。ある人の内観が深かったか浅かったかということを測定する尺度につきまして石田六郎医師（故人）は次のような「深い内観」測定のための尺度を作りそれに次のような序列を与えました。

①　記憶回想量の多いものがいい。

②　自責的であること。ないものは内観思索として軽い。

③　感動量の多いものがいい。感動を伴わないものは臨床効果が少ない（石田六郎「内観法理論＝精神力動学的解釈」奥村二吉他『内観療法』八七頁)。

私は「深い内観、浅い内観」という内観評価尺度にいつまでもこだわり続けるのは賢明ではないと思います。それに代わって今後は、内観が臨床効果をあげ得る要素とその評価尺度を策定することが大切です。内観が臨床効果を収め得るためには防衛的な自我が砕け、自己像が肯定的に転回変化しその効果が相当期間永続する必要があります。そのための要素・尺度とは、

① 記憶回想量の多い内観。
② 恩・愛文脈で貫かれ、自己否定の利いた、記憶の再構成のある内観。
③ 聖なる心像を形成できた感動のある内観（例えば一四二頁の事例）。

私の内観効果要素とその測定尺度は、石田氏の右の尺度と一見よく似てはいますが、このように「恩・愛文脈をともなう自己否定」で有効要素の目標を一気にせばめ、これに「聖なる心像の形成」を加え、内観を一時的なものに止めないで、それに永続効果を与え得る要素と尺度をできるだけ客観的に策定しようとするものです。

これまでややもすれば内観の宗教的・夢幻的恍惚境を多弁荘重に語る言葉でその深浅が論議されがちでした。そのような内観に永続性があるとは限りません。感情表現力の乏しい内観者の中にも、内観効果を永続させる多数のケースがあることを知らなければなりません。

信濃病院の西村悟氏は、一九八六年一〇月末から一一月末ころ、栃木県の「瞑想の森内観研修所」で内観した一四名の内観者について石田氏の尺度に私のいう恩・愛認識の尺度を加えてそれら各評価要素と究極の目標としての肯定的自己像の発生との関連性を調査しました（石田悟『第一〇回日本内観学会大会論文集』一九八六年、五九頁）。サンプル数が少ないので問題は残りますが、この調査では、

①　想起量、感動量の大きい方が自己像が肯定的に変化する。
②　恩・愛の認識が深まれば自己への関心は低下し、自己へのこだわりが解消するらしい。
③　罪意識なく、恩・愛の認識だけしかない七例は、自己変化が小さい。
④　恩・愛、罪意識の双方が深い人は、自己像が肯定的に大きく変化した。
⑤　内観一カ月後のデータでは、恩・愛の認識より罪意識が上回る二例で、他に見られぬ自己像の急激な減少が認められた。

西村氏は「恩・愛の認識」という評価尺度のない石田氏の尺度を、「瞑想の森内観研修所」の内観者に適用調査し、右のような調査結果を得ました。そして恩・愛の認識と自己像尺度に有効な相関は得られなかったとしつつも、今後の課題として、

①　恩・愛の認識は罪の意識を醸成するための条件ではないかと推測される。
②　恩・愛の認識と罪意識の評価尺度の信頼性、妥当性を検証する必要がある。

と結んでいます。西村氏は恩・愛の認識と罪意識は別々のものとして捉えました。しかしその両者が関連しているのではないかと推測しているところは卓見といわざるを得ません。西村調査は、近い将来行われるであろう新しい基準に基づく調査に向けて相当の意義があろうかと思われます。このような要素に基づく再調査が一日も早く行われることを熱望します。

有効な内観では自己がもう一人の汚辱にまみれた自己を発見し、その自己に共感してこれと一体化

しなくてはなりません。それとともに対照群の中のある人物について聖なる心像を形成することが内観の成果を長く維持するうえで非常に重要なことです。

内観の成果が永続するための重要な要件の一つには、内観者が日常内観で即座に利用できる心像を形成しているかどうかによって定まる場合が多いのではないかと思います。集中内観で心像を作っておきますと、あとは自分が日常的に内観しようと思えばいつでも即座にその心像に今現在の自分を映して見れるので、内観の効果は限りなく永続します。

感動は小さくてもいい。涙の量や対照群の数は少なくてもいい。要するに内観者が内観実習の中で、例えば母とか、担任教師とか被害者について、聖なる心像を作ることができたら内観は永続効果を獲得すると考えられます。

なお、表現力の豊かでない内観者の場合に内観が浅いと誤解される事例がしばしばあります。注意が肝要です（川原隆造「内観法の治療効果とその機序」『第一九回日本内観学会大会論文集』一九九六年、七一頁）。

内観の成果である涙や感動は内観の本質部分ではなくて「おまけ」のようなものです。とはいえそのおまけも、時に深い内観のメルクマール（指標）を示すものになり得るかも知れません。

ですから例えば内観実習中に、

＊　これからもずっと内観を忘れず、繰り返してやってゆきたいと思っています。

＊　今日の誕生日のこの涙を忘れずに頑張ってゆきます。

などとしおらしい決意、感想の陳述も、時には本人の人格を変革する契機として輝く場合もありますが反対に、口から出たとたんに、ほとんど価値のない軽い独言になってしまう可能性もしばしばあります。くれぐれも留意すべきことがらです。

第六章　共感の創造作用

一　出会いによる感動

集中内観実習がその中盤にさしかかった三日目から終盤の土曜日に向けて内観者を断続的に襲う感動は、人類が四、〇〇〇年の有史以来体験することのできなかった全身性の深い感動です。その感動は自分が鮮明な真の自己に出会うことができたことによる感動にほかなりません。

自己を知ろうとする哲学は古代ギリシャで生まれ栄え、以後二、〇〇〇年以上の空白をおいた現代になってジグムント・フロイト（一八五六〜一九三九）らによって理性の底に潜む無意識とか情動に結びつけ一気に深く解明されました。にもかかわらず自分がわからなくて悩んでいる庶民が、自分自身で自分自身を認知するための技法の研究開発への遅れは隠しようがありません。そうした庶民自身による自己認知技法にかかわる空白の歴史を顧みますと、人間のもつ怠惰で臆病な特性は、何百万年も前の時代からわたくしどもの遺伝子に刷りこまれていたとしか考えられません。

自己が自己自身に出会うための精神心理技法というものは、人類の歴史にはかつてなかったのです。だからこそ七日足らずの内観実践で自己発見や自己洞察を実現できた人びとのその感動たるや、ひとかたならぬものがあるわけです。自己の探求といいますと高尚で哲学的な心的現実の探索に聞こえます。しかし内観の実践体験にひきよせてこれをみますと、自己の探求ないしは発見とは驚くべく愚かしい自己の心的現実への直面にほかならないのです。

わたくしどもが内観によって自己自身に出会うまでの三〜四日間は、長年保持して来た誇りある自己を内観によって喪失するかもしれない、それだけは失いたくないという、自己防衛的・保守的心情にもとづく強固な抵抗・不安が行手に渦巻きます。その防衛の囲みをくぐり抜ける勇気ある内観者のみが、恐ろしくかつきたない防衛的自我に出会うことができるのです。

ものごころがついてこの方、わたくしどもは防衛的自我を日々培養しました。培養すればするほどその防衛的自我の生産するストレスに締め付けられ、自家中毒の苦しさに喘がなくてはならなかった自己でありました。そのような無明の海に万人が漂流しました。しかし一面明晰である自我には、その日常的自己のうそうそしい傾向性を自覚できる潜在能力があります。そのことは万人に通用するたいせつなことがらです。その潜在能力がありながらも、人びとは一面世間体や恥の心情も消し難く思い、暗黒の防衛的自我の殻の中に深く閉じ込められなくてはならない悲しい習性に固執するのです。

内観による自己洞察の結果、きたなく汚れた自我の姿をかいま見た内観者は、汚物に強固にまとわれた自我こそおろかな自己の真の姿であることを直ちに了解できるほどの明晰さをもちます。それは人間に残されているたぐいまれな最高の英知です。だからこそ心的現実に直面した普通の庶民である内観者は「ああこれほどまでに」と驚きあわてると同時に、自力で防衛的自我の強固な殻を破砕しその殻から脱出することができたという達成感も味わい、これこそが人生最高の歓喜だとばかり、全身性の感動を増幅させるのです。

内観実習は単なる記憶の想起検索だけでなく、深く心に響く感動を伴う精神作業です。内観で得た各自の記憶は強固に、かつ鮮明に神経に固定されます。このすぐ後（二四五頁）でお話ししますが内観想起法は、自己を映すために集中内観で活用してきた数種のメンタルな対照群を、やがて「聖なる心像」という記憶心像に作りかえます。記憶心像とは自我能力の強い健常者が記憶にもとづいて作るメンタルなイメージです。

その心的創造物を作り上げた内観者は、内観によって発見した自己像を半永久的に聖なる記憶心像に結びつけて各自の記憶貯蔵庫に保存し、日常内観（分散内観）をしたいと思うその都度随時記憶心像を呼び出してこれと温かな交歓をし、不要になれば即時消去し記憶貯蔵庫に格納します。

カウンセリングやその他の心理療法でもそれ相応の感動は発生します。しかしそれらの技法で発生する感動は、経験則上防衛的自我を完全に破砕し自己洞察にまで自己を導くというところまでのプロセスを伴うものではありません。その点で両者は質的にかなり違います。

したがいまして両者の感動量や感動の質も天地の差ほど違います。わかりやすい比喩を使っていいますと、前者の感動量は明治神宮の参道にばらまかれている数粒の砂にすぎません。これに反して内観で生起する感動量は、築山《つきやま》にすえつけられている庭石に匹敵します。数粒の砂が持ちさられたとしましても人格の景観に大した影響はありませんが、築山の庭石が持ち去られますと、人格的景観におおきな影響が生じます。

二　共　感

内観法による集中的記憶想起の技法は、自己をとりまいている父母をはじめ森羅万象から受け取っている恩恵や慈愛につきまして、自分に深い気づきを与えます。その気づきは内観者に強力な共感を引き起こさせ、感動を作り出します。そしてその感動の力によりまして、ありとあらゆる種類の防衛機制にもとづくストレスでいびつになっている自我から、巌のような抑圧をこともなく取り去ります。抑圧を取り去ることで融通無碍のかたちに自己が解放され清浄化されます。

人々から受けた恩・愛への共感に着眼することは、内観法がなぜ永続効果を発揮するのかという根本原理を解明するための第一歩です。「共感」という言葉は、この後しばしば登場して来ます。人と人との間に発生する共感というものの機能の複雑さとその効果の目覚ましさは、おそらくどのカウンセリングの教科書でもほとんど語られていません（沢田瑞也『カウンセリングと共感』一九九六年参照）。

内観法のしくみを原理的に解明いたします場合、共感というものの驚くべき機能や、驚異的な効果を語らないまま先へ進むことはできません。先ず第一にこの共感という用語が内観法原理の中で、どのような意味で使われるかにつきましてごく簡単に確認しておきましょう。

わたくしが本書で「共感」といいます場合は、一般にいわれている意味とは違います。それはカウンセリングや臨床心理学で用いられている専門用語としての共感です。

今世紀初頭、ドイツ語の Einfühlung（アインフュールンク＝人の気持ちになってみること）という用語が英語に翻訳され、empathy（エンパシー＝感情移入）になり、カール・ロジャーズ（一九〇二〜一九八七）がこのエンパシーを自分の著書でしきりに使用するようになりました。一般の専門書であっても理解のむずかしいこの「感情移入」という訳語は、その後次第に「共感」といういささかルーズでラフな訳語に改められ、より頻繁に使われるようになりました。わたしが本書で使います共感という言葉もやはり、「人の気持ちになってみる」とか、「感情移入」という意味です。共感といえば英語のシンパシーであり同情とか同感の意味までをもつ用語です。本書で用いる共感はそうではなく、単にエンパシーという特殊な心のはたらきを意味する用語なのです（『心理学辞典』平凡社、一二六頁。「心理学中辞典」北大路書房、一二五頁）。

内観の基本は記憶の再構成という精神作業です。この作業で、内観を成立させるもっとも大切な要素は共感のあるなしです。想起した人に対する共感のあるなしが内観の成否を決定づけるのです。

内観創始者吉本伊信は常々、共感のない内観は「外観」であって「内観」ではないと言いました。共感はそれほど大切な内観法の成立要素ですから、ここで内観者B君の内観事例（六八頁）を再度とりあげ、共感のある記憶再構成というものの正確な道すじを示しておきたいと思います。

本書の記述の中で特にこの事例に限り全文を「囲み記事」とし、際立たせてあります。その理由は、この内観事例が共感の発露において際立ち、幾万とある内観事例の中の模範であるからです。

母は電車賃一五円を惜しんで一時間もかけて歩いて帰った。アンカの豆炭が何個かえるからと思い、寒さに身をちぢめながら遠い夜道を足を棒のようにして歩いて帰り、一五円もうけたという母だった。母は草履の底にタイヤを貼り付けて通い、必死でその日その日を生きていた。温かいうどんを食べたい気持ちがあっても、子供達のためにそれを節約し、行水を使って、銭湯代七円をわたしたちに振り向けてくれていた。そういう母だった。

内観直前までのB君は、前科六犯のかっこ悪い人間でした。なのにそのことが自覚できないだけでなく、母親の行動を常々貧乏くさい、かっこ悪い行為だと思い、卑屈になり、肩身の狭い思いの中にあったのでした。その同じ母の行為を、内観によって記憶再構成しました。するとかつての貧乏臭くてみじめったらしく見えていた母のエピソード記憶は逆転し、彼の母は聖なる心像に昇華されるまでになりました。ということは、母の記憶を想起することによりまして、B君は自己の犯したあゆる罪をこの母の聖なる心像に映して汚れた自己を深く自覚し、真実の自己を取り戻し、彼の魂は聖なる母のふところに常時しっかりと抱きかかえられることになりました。

C・ロジャーズは共感につきまして「相手の心を、あたかも相手であるかのように感じ取ること」だと説明しています（佐治守夫他『カウンセリングを学ぶ』四六頁）。これが今までの通説でした。

カウンセリングでは人をその人のあるがままに深く感じ取る必要はないと思います。

一般人に容易に実践でき、臨床的に役に立つ程度の共感とは、単に人の愛情・美点・長所のみが発見でき、それを引き出し、さらに大きくできればそれだけで共感できたと言えましょう（拙著『出会いと共感』一頁）。

このような定義は、内観三項目の持つ恩・愛原理に一脈通じるものがあるように思います。

B君の発見した極めて小さなエピソードの中には、トンの単位でなくては測ることのできないほど重い、母への共感があざやかに語られているといえます。

B君はこの物語を獄窓のあちらがわで、目を輝かせ歓喜による嗚咽の涙とともに私に語りました。

三　内観法の中の共感の構造

内観法で用いられますところの共感概念はカウンセリングで使われる共感と意味は共通ですが、共感が発生する人的対象、方向、共感の質、量、発生術の難易度が全く違います。そのご説明につきましては内観法の共感をカウンセリングの共感と比較しながらお話しするのが最もわかり易いかと思います。

カウンセリングの共感は常にカウンセラーからクライエント（来談者）の方向に向けて発生すべきものです。その筋道は常に単線であり極めて簡明ですが、プロのカウンセラーにとっても究極目標とする「共感発生術」は難中至難の技です。

内観法の共感発生構図は以下にご説明しますように、カウンセリングとはちがって複雑な二重構造になっています。その上内観法では驚いたことにはカウンセラーのポジションに立つ生きた人間は存在しません。内観面接者は内観システムに組み込まれるべき必須の人ではありますが、カウンセラーのようなポジションに立つ人ではけっしてありません。

内観法には面接者以上にはるかに重要で、もっと必須な人物や物事があります。それが「内観対照群」です。具体的にいいますと、それは内観者の父、母とか「ウソと盗み」などという記憶心像（メンタルイメージ）です。内観者各自が作っている対照群は外部の人からは容易に見透すことのできない媒介物です。それらの対照群は内観者が自分自身の選択で、内観実習開始の時から順次各自こころの中に設置します。そのメンタル・イメージの内容は、内観者が恩・愛文脈という概念記憶から一歩たりとも逸れないように注意しながら各自の具体的な記憶にもとづき内観の深化に応じて次第に明確に構成してゆく記憶心像です。

内観が一定の段階に深化しますとそれらの対照群は内観者が各自の心を映すことのできる媒介群

（反射鏡）に変容し作動し始めます。その対照群の回りに巨大共感が発生するのです。

内観法の巨大共感は、第一次的には内観者から何光年も離れた彼方に浮かんでいる内観者の心を至近距離まで近づけて映し出す反射鏡の鏡面でその発生が論じられます。パターン化した記憶想起が内観の中で高頻度で反復学習されますと、対照群に関連するところの恩・愛文脈に沿った膨大な記憶が、どっとばかりおのずと湧き出して来るという神秘的な体験にさらされます。その心的現象は大脳のもつ可塑性がおのずから劇的に発展したことによるものです。対照群についての恩・愛文脈の強い感動を伴う記憶の湧出は、内観者から対照群（母なら母）に向かう共感をおのずと引き起こします。母への共感とは「相手である母の立場に立ってわがままな自分をみつめること」に外なりません。そういう、相手方への共感のない、単に自分の身の回りのできごとをなつかしむたぐいの内観は、内観ではありません。吉本伊信はそのような共感不在の内観を「外観」と呼んで内観と厳重に区別しました。

カウンセリングや内観の中で発生いたします共感を比喩的に比較してみるとどうなるでしょう。カウンセリングや精神分析の共感は、いわば発展途上国の中で一週間にわずか一往復運転されているローカルな共感列車路線の上で、カウンセラーや精神分析家からクライエントに向けて発生するものです。発生する共感の量は極めて微々たるもの（専門家は日曜日のかさぶたと自嘲）です。これだけローカルで微々たる共感の力という話題が、カウンセリングや臨床心理学の世界で深く議論されるわけもありません。たまにあったとしましても、ごくごく稀なことでした。

これに対しまして内観法の共感は、集中内観実習の中期以降は一日数百回にも及ぶ高頻度で運転される記憶想起学習電車路線の終点である対照群の鏡面上で発生する、強力な創造的エネルギーをもつものです。その発生構造を図面でもってご説明いたします。

内観法で発生する共感には第一次共感と第二次共感の二種類のものがあります。第一次共感は扇の要の自己からその周囲の数個の対照群に向けて扇形に散開する複々線的高頻度シャトル電車路線のターミナルで発生する共感です（次頁第一図）。

この第一次共感につきましてはさらに次節で改めて詳しくお話しいたします。

内観者がこの扇形に展開した路線の中のどれか一つの路線上で強烈な第一次共感を発生させますと、それまで自己を映す反射鏡として作動していた対照者（母像）という媒介物は、劇的に「聖なる心像」に変化します。「聖なる心像」ということにつきましては**五**で詳しくご説明いたします。内観者という自己はその時発生させた共感の創造効果によりまして二つの自己に分裂します。内観者のすぐそばには自己自身の見える明晰な自己が生まれ、彼は元からいる愚かな自己に対峙します。これは第一時的に発生した巨大な共感が作り出す普遍的な臨床心理学的効果です。

これは内観法に固有の二重構造の共感です。第二次共感は第一次的共感が創造したイメージ世界の産物、「内観劇場」での劇中劇「自己による自己カウンセリング」の場で、明晰な自己と愚かな自己の間で、円環的・螺旋的（スパイラル）に上昇し拡大発展する共感として出現します（次頁第二図）。

第一図

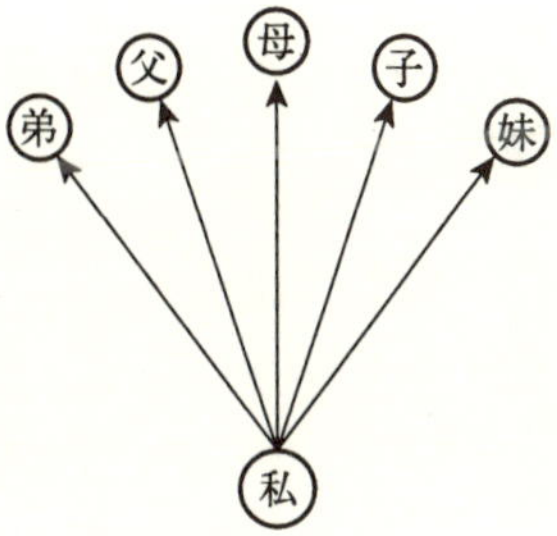

第二図

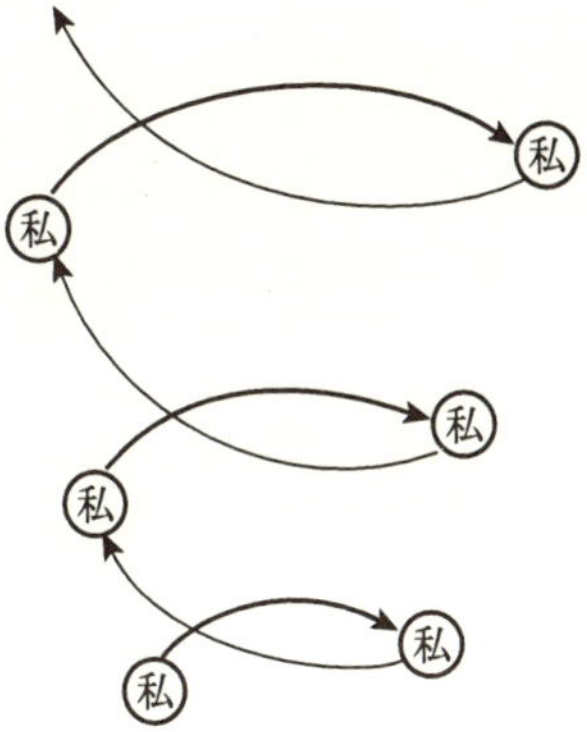

明晰な自己は愚かな自己に対面し優しくあるいは厳しくカウンセリングをします。その際明晰な自己はさっきまで愚かものよと思って見下していた自己を受容し、見事な共感を発生させます。これが内観にみられる第二次共感です。第二次共感につきましては**六**で改めてお話しします。

内観面接者が内観者に共感するとかしないという原理的問題は、自己心理療法としての内観法の純粋な構造原理としては存在しません。その関係では内観者絶対尊重という一方的な最高原理があるだけです。

カウンセリング技法に慣れない人が誠意やまごころをもって下手にカウンセリングを行いますと、

えてしてカウンセラーの誠意やまごころの重みが、自分でそうだと気づかないうちにクライエントを傷つけます。これに反しまして内観法では、内観面接者はシステム化された共感路線の外側に立って内観者の指導面接をするのですから、面接者がカウンセリングの技法についてずぶの素人でありましても、あるいは彼がどんなに自己本位の価値観の枠組みを内観者に押し付けたりしましても、その重みが内観者を傷つけたりなどすることはありません。

例えばカウンセリングのずぶの素人だった吉本伊信は、熱心のあまり内観中の内観者に対しまして、

あんたは今死んだら地獄へ行くと思いますか。極楽へ行くと思いますか。

というような脅しともとられかねない厳しい問いかけをしばしばしました。このような吉本一流の、浄土教信仰にもとづいた強迫的な質問は、これがカウンセリングでしたらそれは問題です。しかし内観面接者は、内観法という心理療法にありましては前記のような共感路線のわきに立つ、かかわりの薄い、いわばファシリテーター（管理促進係）ですから、その人が少々強迫的な言辞を投げかけたとしましても、彼が内観者のこころに土足で踏み込むというおそれは理論的にはありません。

四　対照群への共感（第一次共感）

内観法は、自分の周囲の人や物などと交流しつつ生きている自分というものを、例えば父母兄弟、「ウソと盗み」などといった自分に近い主だった媒介物に映して瞑想することによって自己を知るた

めの記憶想起技法です。その技法は単なる観念思弁的な瞑想とは違って、恩・愛のきずなで十重二十重（とえはたえ）に自己をとり囲んでいる対照物の体温、息吹がじかに自分の肌に伝わって来るような、具体的で強い感動を伴う記憶想起法です。

内観対照群への想念が十分集中しない段階で内観者に想起されてくる母とは、いいところもないではありませんが、憎らしい母、下品で恥ずかしい母など、いとうべき人間像である場合が多いかも知れません。特に内観初期の自分にとって母とは児童少年期の母であり、ようやく自他分離ができた直後の母です。分離に失敗した体験をもつ内観者にとりましては、一体感や好感のもてない対立的な異物です。「母の身になって思う」という共感は容易に湧きません。それは内観の筋みちとして意味あることです。

しかし内観者が恩・愛という想起文脈にみちびかれながら母の魂の最深部に入りますと、不快が即座に好感へと逆転し自分を精神的にくつろがせ、自分を母の中に没入させることが自然に叶えられるような愛情陶酔の世界が展開します。母は私のために生きようとし、そのために日々偉大な自己放棄をしていたのだということが実感をもって、まるで天から授かるもののように大きな感動とともに生々しくよみがえるでしょう。恩・愛の想起文脈によって具体的な記憶と結合した巨大共感の同時湧出は、一面では内観者を映す反射鏡の劇的変容（清澄化）が達成された結果ですが、それとともにその反射鏡が澄み切ったことによりまして、隠されていた内観者のみにくい防衛的自我を一層有り体に映します。それが内観者自身の自己否定をも加速・促進する転機になるのです。

そのような消息をたくみに語ったHという一人の内観体験者の感想を次に掲げます。H君という前科一一犯の内観者は、拘置所の中で連続五〇〇日間一日も休まず、自分の三四年間の生涯で犯した「ウソと盗みという対照物」に自分自身を映すことに没頭しました。そしてある日次のような感想を寄せています。

私はある確信を得ました。自分の行って来た悪事というものは、たとえ忘却の彼方に去ってしまったようなものでも、それは必ず自分自身の脳細胞の深層にしっかりとこびりついているものです。遠い昔の悪事は、脳細胞の内張りの中で、夜の明けるのを待つように、あるいは海に大波が起こるのを待つように、揺れ動きながら、そのうちどっと膨れ上がって、よみがえってくるのです。これは真剣に記憶をたどったことのない人にはとても理解できないことだろうと思います

（拙著『出会いと共感』一九八七年、二一八頁）。

これはH君の特殊な感懐ではなく、内観体験者にとってはごくありふれた感懐です。三四歳のこの内観者は本籍地もなく住所も不定。少年時代は実に一六カ所もの不良児収容施設をタライ廻わしされ、小学校には一年生のとき六カ月しか通学していません。成人になってからは前科一一犯を重ねた悪人の見本のような人物です。その彼が格調高い名文で、忘れ果てていた昔のエピソード記憶が、自己否定の深化につれておぞましいもう一人の自己への共感にくるまれ、涙とともに激しく、しかもおのず

から次々湧き出してくるというその実態を語っています。

五　共感と聖なる心像

昔の記憶が強い共感とともにおのずと湧き出して来るというのは、内観法が開拓した大脳の「可塑性」の効果です。父母、兄弟といった内観対照群に対する内観者の共感は、やがてそのまま内観者の魂に転移・浸透し融合します。反射鏡を構成している対照群の（恩・愛の）なかに内観者の心が引き込まれ浸透しますと、次には対照群の恩・愛に共感したその同じ共感が内観者である自分に反射し返されて来ます。いいかえますと、対照者への輝くばかりの巨大共感は必然的に内観者が対面しているもう一人の自己に向かって、輝きながら浸透・融合する（一六八頁）ということです。

内観者の調べようとしているのは自分自身です。内観者が自分を映す反射鏡上の対照者に共感し反応しますと、その共感の効果は内観者に戻され、対照群と二人の自己が、化学反応のようにみな同一化するということです。内観をしていないイメージの中の対照者にも、内観者の得た共感が等しく浸透し、自己と同一化するのです。

内観による共感が自他の同一化を引き起こすのは、対照者についての恩・愛の真情・共感が内観者の魂に満ちたから実現したのです。「愛とは他人の中に自己を発見することである」といわれますが、その言葉を臨床心理学的にご説明しますと、このようになるのです。

こうして内観者は対照群（母像）に共感し、これと一体化し、その瞬間にその同じ対照群（母像）の中に新しい自己を瞬間的に創造します。そのとき母像はしばしば現実の母親の何倍も美しい「聖なる母像」に変容します。

それは心像（メンタル・イメージ）とも呼ばれます。心像は内観者各人の作り出す記憶心像です。内観心像は、母なら母についての従前の記憶が、内観的に統制された「記憶再構成法」によって根底から解体され、現実よりはるかに聖化されたイメージとして現れます。

想起中に人が作り上げる心像は一般的に情緒的エネルギーを具え、人の魂を根底から揺さぶる巨大なエネルギーを放出します（河合隼雄『ユング心理学入門』一二〇、一五二頁、F・C・バートレット、宇津木保・辻正三訳『想起の心理学』一二七頁）。それは精神療法の鍵概念と呼ばれる根源のものです。

心像出現のメカニズムや、心像が何ゆえに巨大なエネルギーを発現させ得るのかというその大脳生理学的メカニズムは、例のステレオグラムが現代の大脳科学でなお解明され得ないのと同様に（本書九八頁）、なお厚いヴェールに覆われたままです（F・バートレット前同書二五二頁参照）。

内観で現れるさまざまな心像の態様につきまして、まず数個の事例を摘記しておきましょう。

『犠牲』という著書などで有名な評論家柳田邦男氏は、ご自身の内観実習六日目に次のような、対照群と自己が同一化された聖なる心像に出会っています。

真ん中にやや大きな仏像みたいなものがあって、その周りを無数の小さな仏像が同心円状に回転している光景が広がっていました。その真ん中にいるのはどうも自分らしいんです。そして周りを回っている仏像というのは、義兄だったり、姉だったり、友達だったり、そういう雰囲気なんですね。そして、その光景にひたっているうちに、自分がいかにみなに支えられ守られて、そのなかで自分が生きているのかというものすごい満たされた感覚が湧いてきました。そういう充足感が全身にしみ渡った途端に、ものすごい後光のような光が輝いて見えている世界がマンダラのような光景に変わったのです。私は本当にびっくりしました。

七日目に帰るときに、内観研修所（著者注＝瞑想の森内観研修所）のあちこちの壁に体験者が描いた絵があるのを見て驚きました。その中にマンダラ模様を描いた絵が何枚かあったんです。［あ、これ凄いな。この人本当に見たんだ］と。そして本に出ているユングの描いたマンダラってあれ、本当だな、と思いました（柳田邦男著『犠牲への手紙』文芸春秋社刊、一九九八年、一四七頁）。

柳田邦男氏の内観中に現れた心像は、義兄や姉や友人といった内観対照群につながり、守られているその中に自己が輝きながら立っているという、まさに恩・愛の内観世界そのものを端的に描き出した、非現実性の強い、聖化された視覚的記憶心像です。

五　共感と聖なる心像

次に、北海道月形少年院に収容されていた少年の作った視覚的・聴覚的記憶心像と、その心像が少年に与えた自己洞察の影響力（臨床効果）についてお話しします。

Ａ少年（一六歳）は一九八五年、成田敏夫教官の指導で九日間の内観を実習しました。Ａ少年は内観終了後次のような感想を述べています。

内観中に母が廊下の側に現れました。母は僕に殴られた傷痕のある顔で、泣きながらじーっと僕を見つめました。そして僕に声をかけてくれました。あの顔は一生忘れないでしょう（実際にはそこに母は来ていない）。

内観してみて今までの自分はすべて口先だけの、その場かぎりの反省であったことがよくわかりました。反発ばかりの自分でした。それが内観して初めてまじめに素直に反省できる自分になれました。一日に一〇回も面接に来てくれる（成田）先生が、初めて僕の言うことを信用してくれたと思いました。先生が僕と一緒の室で、僕と一緒に内観してくれたから、初めて他人を信用する気持ちになれたのです。

それからしばらくたったある日、Ａ少年は面会にやってきた母（三九歳）の前に手をつき、号泣しながら詫びました。母親の驚きは大変なものでした。どうしてこの子がこうなったのか。その前々年の春から翌年の夏頃にかけて、Ａ少年は家庭内暴力のため二つの精神病院に相次いで入院しました。六カ月も入院治療を受けても治してもらえなかったのにと、しみじみ述べています（成田敏夫『第八回日本内観学会大会論文集』一九八五年、五八頁）。

Ａ少年の内観中に彼の目の前に現れたという母親像は、Ａ少年が想念を恩・愛文脈に集中させることによってみずからの記憶を再構成して創りあげた典型的な記憶心像です。その時の成田教官は「内観面接者」ですが、彼はA少年のやる気を促進するという、たったそれだけの存在でしかなく、たったそれだけでしかないという教官の寄り添う姿の中に、内観法の根本原理である人間性尊重の、寄り添って拝むこころが見事に結晶しています。

わたくしはカマドの前に座って炊事していた母のそばに、かねてから観念の井戸を掘っています。少しでも自由な時間があるときはその井戸にもぐり込み、聖なる母の記憶心像に近づき、わたくしの中学生時代を出発点として母の膝元に戻りつつ今日現在の内観をいたします。

このあと八で述べますように、B君が岡山拘置所内でやった内観で作った小学校六年生の時の担任教師の心像は、B君にとっては慈愛の権化のような「聖なる教師の心像」としてB君の魂に自己洞察のエネルギーを与え続け、B君の心を長くしかも強く支配し続けました。北海道月影少年院の被収容者A君の作った母親の心像、岡山拘置所のB君の創った担任教師の心像、わたくしの作った母の心像などが心理学でいう聖なる心像と呼ばれるものです。

大脳や小脳には「可塑性」という特性があり、一定期間同種パターンの学習を高頻度で反復しますと神経回路が劇的に活性化され、活性化された性質を長く保持するという特性（二〇三頁）があります（こけてもこけても繰り返すパターン化した一輪車乗りを思い出してください）。

内観者が一度作った愛情・美点・長所からなる心像は、静かな環境下ですと、自分の心の中にいつでも自由に呼び寄せられるだけでなく、自分の意志でいつでも思うときに自由に消し去ることができ、しかもその心像本体は永続的に大脳内の記憶貯蔵庫に保存できます。それは自己の意図に関係なく見えてくる病的な「幻覚」とも、また健常者が平常の精神状態で見えてくる「錯覚」とも違います（ポスナー、レイクル著、養老孟司外訳『脳を見る』日経サイエンス、一九九七年、一一九頁以下。小川捷之編・現代のエスプリ別冊臨床心理学事典一六七頁。『心理学中辞典』北大路書房、二三八頁参照）。

柳田邦男氏やA少年の内観中に現れた心像の核心と内容は、内観者各自の長期記憶を核として作られたものです。それは長期記憶を核としますが、自己意識ないしは想起可能な記憶だけで作り上げられたものではありません。それはユングのいう個人的無意識のみならず、人類太古の無意識にまでさかのぼる無意識の深層記憶までを包み込むものだと、わたしは考えます。

内観法が宗教ではないかと誤解されるゆえんは、技法面では合掌礼拝という所作の存在も原因の一つですが、その他にこのような、ユングのいう個人的無意識や集合無意識が意識世界に比較的容易にせり上っ来て作出される、美化され聖化された「聖なる心像」を鍵概念として取り扱わねばならないところにも一つの原因があるといえましょう。

このようなユング心理学の無意識論や心像論（ユングの場合は多くの場合「夢」が対象）を非科学的だという学者がいます。E・フロムがそれで、彼は心像が妄想であるかはたまた外的事実や記憶に対応して実在するといえるものであるかは、究極的には臨床精神科医でなくては確定しえないだろう。そうした判断を省き、そのすべてを、臨床効果について常に有益な心的事実だと評価するユングの態度は科学とはいえず、未熟な概念だと揶揄しています（渡辺学『ユングにおける心と体験世界』春秋社刊、一九九一年、二六五頁）。

内観心像は概念と機能的特質で述べますように、ユング心理学の知らない、新しい分野の心理学的概念です。E・フロムのイメージしているようなあやふやな心像概念では、もちろんありません。

そのことを明確化するために、内観心像の概念とその機能的特質につきまして、以下集約的にご説明します。

第一の特性。

内観心像は前述のように、記憶を越えた聖なるものに昇華、「聖なる心像」として現れます。それでありながら、記憶に厳然とした根を持つものですから、記憶心像とよばれ、同時に視覚的、聴覚的、触覚的、臭覚的心像の性質を具えているものです。

第二の特性。

内観心像は、自己を映す反射鏡に共感・感応して発生します。ということは、自己が内観対照群と同化現象をおこした（恩・愛で結ばれた）とき、これと同一のものとして現れるのです。

第三の特性。

内観心像は集中内観の最盛期に出現し、内観実習終了直後に意識を去ります。発現と消滅が人の精神運動に連動します。内観心像の発現・消滅が夢や幻覚、妄想と異なり、常に人の意識に従う自在性と明晰性を持つというこの心的実在性は、先のE・フロムの、ユング心理学批判に十分耐え得る実体であることを如実に示すものだといえましょう。

第四の特性。

一旦発現した内観心像は消滅後も内観者各自の記憶庫に比較的長期（大脳生理学的にいえば最長三〇年）にもわたって格納・貯蔵され、内観者が行なう日常内観の手法で検索・想起を行なうことによって呼び出されますと、比較的容易にその都度内観者の自己意識に復元され（復元可能性・習慣性の保持）、自我と穏やかなカウンセリング的交歓をします。

第五の特性。

内観心像は第二、第六に記載した特性から、内観者各自の自己解釈性に親しむ実体です。それはユング心理学の取扱う心像、「夢」、「箱庭」、心理テストの「バウム」（樹）などとは異なり、自己以外の第三者である心理療法家たちの行なう解釈・分析には原則的に親しまないものです。

第六の特性。

内観心像は柳田邦男氏たちの見た内観心像ように、それ自体への反映・回想のみで自己すべてを自我に対して分かりやすい形で理解・納得させます。その心像に対する共感・感応は、自己を完全に対象物に同化・没入させる強いエネルギーをもち、自我からの干渉によってその共感が拒絶・否定されることはありません。

第七の特性。

内観心像が前述のように強大なエネルギーを持つこと、このことが内観者に計り知れない程の達成感を与えます。内観者は常に納得のこころで心像対照群と一体化し、自己が内観対照群のみならず、万有との共生の中で生かされているという深い静謐と清浄な感謝、法悦の中に即座におのれのすべてを投げ込み、人間としてたくましく生きて行こうとする力を得ます。

それはすぐこの次に述べる『ビルマの竪琴』に出て来る主人公水島上等兵の場合と同じです。

第八の特性（まとめ）。

内観心像が視覚的、聴覚的、触覚的、臭覚的心像を兼ね備えた立体的な実像であること。その上に常に自己意識にしたがって出現・消滅するという明晰性、自在性、消滅・復元可能性さらには習慣性を持つものであること。さらに自己解釈性という特性を備えているというこの特性は、内観以外の心理療法で扱う心像、たとえば夢とか箱庭療法などには見ることのできない心像です。

こうした内観心像の特性は、内観法を「究極にして不滅の心理療法」たらしめるべき決定的なメルクマールだといえます。

そして内観法はこの内観心像の特性ゆえに、今後心理療法に関する種々の学問の世界に、自己の座をますます明確に位置づけて行くことになるでしょう（なお、心像とその機能につき詳しく研究したものとして、F・バートレット前同書第一一章、二四六〜二五八頁、心像とその機能、参照)。

共感が発生して各自自分なりの心像を作るという現象は、とくに内観にかぎってみられる特異な現象ではありません。共感はいのちのない物体ににさえも浸透し、浸透した対象について人びとは聖なる心像を作ることができます。例えば、竹山道雄の名作「ビルマの竪琴」をごらんください。

その中に出てくる主人公の水島上等兵は、敵陣に伝令として出かけての帰り道、道に迷ってビルマ(現在のミャンマー)の荒野をさまよいます。彼はるいるいと横たわる友軍の屍体を見ます。ウジがわき、白骨化したものもある。その腐乱屍体の中に水島は、成仏を希求するうめきを聴きます。人びとが目をそむける、汚い腐乱死体に水島が恩・愛を発見し共感したとたんに、そのむくろは英霊(戦死者の霊・魂)という心像に転化します。彼は英霊の奥から英霊の父母の無念のつぶやきも聴きました。水島の共感によってむくろが英霊に転化しますと水島自身の魂が元のままの水島でいることはできません。「おーい水島、俺たちと一緒に日本に帰ろう」という隊長や戦友たちの絶叫も、水島の耳にはもはや全く届きません。なぜならば、水島の魂はすでに荒野に野ざらしになっている日本軍将兵の霊と同一化してしまっているからです。彼は隊長や戦友の目の前で望郷の思いをビルマの竪琴に託し、「埴生の宿」を弾奏したのち、日本に向けて帰国のため出発しようとする戦友たちに背を向けて静かに立ち去り、ビルマの荒野に遺棄されている日本軍の英霊を弔い歩く修行僧になります。それは恩・愛への共感が発生させた、「戦死者の、聖なる心像の力」がそうさせたのです(拙者『出会いと共感』六五頁)。

一週間の内観実習を終えて家路につく多くの内観者はみな口をそろえて言います。

自分の目に映る万物は、なぜかみなみずみずしく輝いて見えます。電車の向いの側に座っている行きずりの人びとの顔もみなにこやかにほほ笑み、車窓から見える木立のみどり、一木一草にいたるまで輝かないものはありません。と。

このような一見非現実的な現象も、対立していた万有、母、自己と自己、これらが内観者の記憶想起の中で出会い、共感し、輝きつつ相互に浸透して心像を形成したことに起因して発生する一種の余韻であり残像効果かも知れません。

すべての文字や芸術作品が人に感銘や共感を与えるという局面では、作品鑑賞者は内観と同様に、芸術家の創作した媒介物を介して自分自身に固有の共感と感動を創造し享受しながら作品のこころに同一化していることに気づかされます。

六　対決と受容（第二次共感）

内観者は内観を実習することによりまして、母から受けた恩・愛の大きさを直観的に知り、自分から母にしてお返ししたこともなく、迷惑ばかりかけてきた自分との、無限ともいえる落差の大きさに驚かされるでしょう。こうなりますと一人であった自己は二つの自己に分裂します。そして母という心像の中にあって、「見ている自己＝観察自己」と「見られている被観察自己」が対峙した形で向かい合っているのに気づきます。

内観法の究極の価値は何かといいますと、心理専門家の手を借りずに自分で自分を発見することができる極めて簡易・単純な技法だということです。

内観実習システムのその中心のところでは、内観中の自己は、自分の力で自分を観ることのできる「観察自己」を作り出し、観察自己は、古い無自覚な自己とカウンセリング的対決をするという構造になります。そこでの二人の自己を全体的に見てみますと、見るものとしての治療主体と、見られる者としての治療客体が対立し浸透し合う精神運動の場（第七章三、観察する自己の発生）がつくりあげられるのです

一八九〇年、古典的名著といわれる「心理学原理」を著したアメリカの心理学者・哲学者、Ｗ・ジェームス（一八四二〜一九一〇）は、主体と客体に分裂した自己を、「主我」、「客我」と表現する。リップスは、「第一次自我」、「第二次自我」という。

また、「主体としての自己」、「客体としての自己」という学者もいる。周囲の対照群に照らされつつ自己を観察し、再構成的に修正・変更されてゆく新たな自己の生成過程を探究するのが、内観法や哲学の基本である（北大路書房『心理学中辞典』一一二頁）。

二人の自己は対立、対峙し、新しく生まれた自己は、平然と我が道を進んできたお粗末な自己に対話の姿勢を示します。内観プロセスが熟成し醇化されて来ますと、このように内観想起の中心部には、

対照群の心像への同化現象とともに「自己と自己の出会い」が出現します。ここに出現した観察自己は、古い自己を嫌悪しつつも、しかも自己を愛していて、自己の心の表も裏も、ひねくれ加減も、すべて具体的に知り抜いている明晰なカウンセラーです。なぜかといいますと第一次共感が生み出した観察自己は、観察される自己と、年齢、境遇、教育、気質、身長、体重、コンプレックス、どれをとってみても完全に一致する人物だからです。彼は緩急自在に愚かな古い自己のすべてに共感し対決します（自己対決）。そして最後にはそんな自己をすべて受容します。

このように古い自己は新しい観察自己によって自分のいたらなさ、ごうまん不遜さを脂汗を生じるところまで思い知らされながら、なおかつそんな自己をことごとく受容するのです。内観者が恩・愛文脈の内観的想起の記憶学習軌道に乗って自己否定を反復しますと、いつかは必ず恩・愛の事実（エピソード）に直面し、お粗末な自己を発見し、それを受容し輝くのです。山田廸弘検事の内観体験の感想をごらんください（山田廸弘「体験記」吉本伊信編『内観の体験』二頁）。

このように私の気持ちを申し上げますと、自己を否定し、汚い自分をさらけだすのに、何がよろこびか、何が誇りかと反論される方もおられるかと思いますが、内観は単なる自己否定や自己に対するあら探しではないと思います。新たな自己形成のための、過去の自己に対する自己否定であると思うのです。もちろん内観で自分の過去を洗いざらいさらけ出すことは、まことに苦痛なことではありましたが、またそれだけに大きな飛躍が待っており、苦痛も喜びと誇りに転じるのです。

この生き生きとしたドラマチックな新生自己と古い自己の出会いの底には、ほかならぬ恩・愛のきずなという最高原理が支配しています。

内観による心身、疾病、容貌などの臨床的変化をわかりやすい表現でご説明しますと、膨満肥大していた自我を抑圧するためこれまで意識下で働いていた巨大なつっぱり（自己防衛）機制のために浪費されていた巨大な心的エネルギーは一気に放下されます。休眠していた潜在能力は急速に覚醒し伸長されます。日ごろの我執やいらいらはなくなります。体が軽やかになり、あふれる清涼感と使命感によって全身に力がみなぎります。とくに人びとの愛情・美点・長所がよくわかるようになり、憂うつな自分の顔つきは、明るくおおらかな顔つきに変わります。ついさっきまで自分を苦しめた慢性的な疾病はウソのように消失し、誰はばかることもなく真実の自我を築くことができます。これが内観法の究極の臨床効果です（広島刑務所一九六三年刊『心窓』内観特集号九〜一二頁参照）。

先程の山田検事さんは、同じ内観感想文で次のように語っています（山田・前掲書六頁）。

一週間かけて私の歴史をつぶさに調べたわけですが、そのことでこのように心に一大変革が生じたのです。まさに驚きでした。つい最近のことですが、妻や妻の友達から、私の顔付きが変わったといわれました。険（冷たくきつい感じ）がなくなったというのです。私も来年は自分の顔に責任を持たなければならない四十歳になりますが、真摯に内観を続け、穏やかな顔になりたいと願っています。

七　共感と出会う契機

内観法は自己を知るための技法です。知るといいましても、論理的、観念的に認識、自覚、反省して自己についての知識を得るという知り方ではありません。自己に絶望し、切羽詰まった状態で他者との恩・愛のきずなの関連やつながりを、魂の深層から込み上げて来る感動でもって悟ることです。当然にそれを生むための契機と動機が必要です。共感発生を誘発させる基本的環境をつくるためには、自分みずからを、挫折、絶望、悲嘆の苦境というマイナスの境地におかなければなりません。例えば先のお話、『ビルマの竪琴』の中で申し上げた水島上等兵にように、「生と死が紙一重の境地」に自己自身を置かなくてはなりません。なぜ水島は腐り果てた友軍兵士のむくろの中に、成仏を希求するうめきなどを聴いたのでしょう。

水島は生と死が紙一重になって広がる異国の荒野をさまよい歩いていた悲嘆、絶望の人でした。野ざらしになった屍体と水島上等兵の距離はあったともいえるし、なかったともいえます。だからこそ水島は戦場に遺留された物体としてのむくろの山に「恩・愛」を直感し、そのむくろの奥に、故郷に残してきた父や母の悲泣する声を聞き、恩・愛のうめきを聴くことができたのです。

例えば今現在の社会の中で自分の身を、水島上等兵のように死と隣合わせた境遇にたやすく置くことはできません。がしかしせめてものこと、不治の病にかかるとか、罪を犯して逮捕拘置されたとか、息子がシンナー中毒の犯罪者になるとか、心身症のため視力や聴力を失うとか、交通事故で両足切断の憂き目を見るとか、パパがある日突然美しく若い彼女のところに行ってしまう、と、このような孤独、挫折、絶望、悲嘆、暗黒の場に我が身を置かざるを得ないという、切羽詰まったマイナスの立場になることが、内観実習を自分に動機づけもし、内観深化にとってプラスの動機づけを与え、大きな共感に近づくためのこの上もなく好ましい条件になります。

八　納得と直感による共感

苦痛の中に投げ込まれている内観者が一見単調そのものの内観テーマについて繰り返しおこなう恩・愛関連の想起・調査は、実は内観的な見方、直観力、洞察力を養う、この上もない人間くさい訓練の場だと考えられます。

(1)　時間をかけ、繰り返し調べることによって得た納得・洞察

ある内観者がうらむべき理由のない小学校の担任の教師を二〇年間うらみ通していた自分を発見し、その自分を恩知らずと決めつけ、自分が恨んでいたその教師について「聖なる心像」を作り自分の人生の転換点とした一つの内観エピソードについてまずお話しします。

三二歳の放火被告人B（前にも二度（二頁・六八頁）登場しています）が著者の指導で内観しました。次のものは私とB君との刑務所の面接室での会話です。

「自分が今日のように前科にまみれた大悪人になったその原因は、小学校六年生のときの担任の教師のせいです」

「えっ。それはまたどうして」

「はい。僕は六年生のとき、この先生から筆泥棒だという疑いをかけられました。僕はその時は無実でした。だから先生がうらめしくて、海へ飛び込んで死ぬつもりで広島から長崎まで家出しました。それ以来、犯罪を重ねる男に転落し、現在前科六犯です。うらむべきはその先生」。

B君の全精神はそのような深いうらみで満たされていました。

そのB君はやがて私にすすめられて内観を始めたのです。B君はある日六年生（一二歳）のときの担任教師の内観をしました。するとどうでしょう。

＊　先生は僕が片親で、しかも母が働きに出ていること、僕がアルバイトをやっていることを知ったとき、「感心な奴だ。困ったときはいつでも相談に来いよ」といって下さった。

＊　遠足のとき桜の枝を折ったら、皆の前に立たされ、きつく叱られた。僕は腹を立て先生に反抗した。が、その後で先生は先生のもって来ていた巻寿司を、僕にだけ「おい食べろ」と言って食べさせて下さり、先生の水筒のお茶も口飲みさせて下さった。先生は僕の父のような気がした。

あのときのことをすっかりわすれていた。

＊ 冬の寒い日、わざと学校に遅刻して行った。朝礼に出ないでストーブであたっていたら先生に見つかり、「横着な気持ちを持つな。お母さんのことを考えろ。お母さんが知ったら悲しむぞ。」といって、頭を力いっぱい殴られた。とても痛かった。今までその痛さを忘れていた。

＊ 秋の修学旅行で京都に行ったとき、僕は病気になった。先生はバスの中でも汽車の中でも、アイスキャンデーをビニール袋に詰め、僕に付きっきりで頭を冷やし、「折角の旅行だ。早く元気になれよ」といって介抱して下さった。先生は一生懸命だった。あのときの先生の優しい眼を忘れてしまっていた。

＊ 六年生のとき、僕はこそ泥ばかりしていた。あのときは先生に筆を盗んだと疑われても仕方がないほどのワルだった。それを忘れていた。こんなに優しかった先生のことを、あれから二〇年もたった今の今まで恨みに思っていたとは。このバカ者め。いまのこの思いを、早く先生に伝えたい（拙著『出会いと共感』一九四頁）。

こんな新しい記憶がB君の心に溢れ、それがB君の恨みつらみを根底から一掃することになりました。

もしB君がこのような内観を怠っていましたら、彼の過去二〇年間、四六時中、強迫観念のように自分の人格を支配し続けた意地悪な教師への恨みという偏見は、どのような有益なアドバイスによっても消し去ることなどできるわけがありません。「B君、人生いまに、いいことだってあるさ。こころを広くもつことだよ。」人から忠告されればされるほどその強迫観念のような思いはB君の胸に増幅されて行くことになったでしょう。

恩・愛への想起は醜い自分に気づきを与え、それゆえに慄然とさせられます。内観による恩・愛の想起文脈こそが対照群をはじめとする他人の中に新しい自分自身を認知させてくれる転機となるのです。そのような認知が新しい認知記憶として新たに再構成され固定されるのです。

(2) 直観的に共感する力

科学者ファラデー（一七九一～一八六七）は、まだテレビジョンもなかった一九世紀の初頭、電気と磁気と光線（電磁波の一種）が互いに感応することを発見しました。

あるときファラデーは、学生の前に、少量の透明な液体の入った試験管を持ち出しました。

この液体は、ある母親がわが子のために流した涙だ。科学的にその成分を分析せよといえば、学生諸君はたちどころに検査して成分の定性分析、定量分析ができるだろう。しかし母の流した涙の成分を分析するために科学者があるのではない。真の科学者とは母の流した涙の重さまでを直観する力のある人だ。

と言ったといわれています。

恩・愛という概念的な価値の真実の存在個所やその重さは、化学分析や物理的実験で認知することはできません。しかし人びとの幸せを増進するために存在する科学者としましては、恩・愛という概念的価値こそは、同時にまた把握しなくてはならない人生究極の理念です。

Ｂ君とファラデーの事例は、まるで性質の異なった物語に見えるかもしれません。しかしＢ君の事例での先生に対する共感は、内観法的着眼（恩・愛文脈にのっとる見方）によらない調べ方では、ファラデーが感じるような豊かさでもって自己認知記憶として再構成されることはないでしょう。

教師の愛の重さを想起することによってＢ君の過去の古い記憶が再構成されません限り、浅ましくおろかな自分はＢ君には決して見えては来ないのです。

Ｂ君のような内観法的訓練を、きめられたとおり繰り返すうちに、恩・愛を直感できるすぐれた直感力が人の心に芽生え、やがてはファラデーのように内観しなくても、試験管の底にたまっているわずかばかりの涙の中に、巌のように重い母の恩・愛を直観する感性が宿るようになるのです。

第七章　精神の運動法則

一　内観法のブラックボックス

吉本伊信が開発した内観法は、仏道修行の一種である「身調べ」という秘法にヒントを得て作られました。仏道の修行法といいましても、それは奈良地方のごく一部の人だけがやっていた土俗的な仏道修行の秘法でした。吉本は「念仏だけが救済への道」という一枚看板の浄土真宗教団に所属していました。ですからどんなに自力修行しても成仏できないということはよく知っていた筈です。その吉本伊信は二一、二歳頃、ある時は暗黒の洞窟にこもり、断食、断水、断眠などもしながら命がけの修業をしました。こうした修行で覚った吉本伊信は一九四九年（昭和二四年）に、「身調べ」の修行原法を簡易合理化したものに「内観法」という名称を与え、これを世に問うことになりました。

内観法の土台になった「身調べ」という修行秘法の思想は、仏教文化史的には親鸞の浄土教義に軸足を置きつつ、しかも自力修行を軽視せず否定もしないという点で、道元の思想にも親近性をもつものです。ですからそれは浄土真宗教義の本流から遠く外れた、わかりにくい異端・矛盾の仏教文化だったといえましょう。内観法がこのような土俗的仏教文化の中から誕生したという歴史的事実を宗教思想史の視点からではなく、「内観法＝自己発見法」という精神心理技法としての視点から観察してみますと、内観法は仏教的な思想の中から創造された世にも稀な精神文化であり、「自分自身を知る」という、哲学の永遠の課題を短期間で実現する技法でもあったのです。

世の人びとを興奮衝動させる新しい真理や思想は、人びとのおおかたの予想を超え、純粋培養の素材からではなく、異端・偏狭・矛盾・混沌の中から生まれることがしばしばです。

この「二種混合」の仏教教義のうち、第一の教義は、内観法が効くのは『弥陀の願力不思議に因る』という、成仏について一切の修行努力の意義を全面否定する浄土真宗の救済の根本義に根拠をおく教義です。第二の教義は、成仏に向かう人間的修行努力の意義を認める『見性』（けんしょう）という根本義に根拠をおく教義です。見性とは、臨済宗・曹洞宗などで、自力で仏性を悟ることをいいます。

この二種混合の仏教的文化に西欧的論理の光を当てて分析してみますと、そこには分裂したかのようにみえる思想の中に、深遠な一つの哲学的真実が閉じ込められているように思われます。

本章の課題はそのブラックボックスの内容を白日の下に広げてお見せすることです。

これまで語られていた「内観法が効く理由」を論理の水で晒しますと、そこにはこのように、魂の救済につきまして宗教家が言うところの、難易両様(1)の対立した仏教の教義を混合した形で含む混沌が、創立者吉本伊信によってそこはかとなく残留されているようです。そして内観法を語るあの人この人の気質に応じ、ある時には「弥陀の願力」が持ち出され、あるときはまた「見性」が語られました。

ここに吉本伊信が経営していた内観研修所で一九六六年から一九七〇年までの五年間に内観した一六九六名の内観者について、吉本自身が評価付けした内観熱心度調査があります。その調査評価によりますと、それら内観者のうち、

最高に熱心な内観者…………一名もなし

まれにみる模範的内観者……一三名

（武田良二「内観法」佐藤幸治編『禅的療法・内観法』二二一頁以下）。

吉本自身のこのような評価をみますと、吉本のひざ元で内観実習した一、七〇〇人に近い人びとのほとんど全員（九九・二％）が内観の落第生だったのではないかと思われるほどのお粗末な数字です。しかしこの一、七〇〇人の中には、疑いもなく自己洞察までの成果をおさめ得た平均的な内観者が多数含まれていた筈です。一週間で完結する内観法という精神心理技法の実習者たちに対しまして、これほど厳しい吉本の評価が下されたところにボタンのかけ違いがあったように思われます。

そもそも「弥陀の願力不思議」とか「見性」という仏教の極意を内観法が効く理由として持ち出したりすることには疑問を感じます。そのことは吉本が試みた内観成績査定の当否をとやかく言うまで

もなく明らかなことです。なぜかといいますと「弥陀の本願に会う」とか「見性の覚知ができた」ということは、わたくしども庶民が生涯かけて修行しましてもおそらく会得することができないほどむずかしい仏教世界の悟りや救いのお話です。

一生涯を費しても容易にマスターできない仏教の悟りであり超能力ないしは仏教信仰上の原理を、わずか一週間で完結する内観法という技法の「効く理由」として通用させようとするところに大変な無理があるように思われます。これほど高尚で二義的な宗教原理を内観法の中に放置しておきますと、内観法は鎌倉仏教以前の密教的呪術に類するものだろうと人びとは必ず疑い、折角の名を堕しめ、さらに困ることには内観法の学的体系の基盤づくりを大きく阻害します。

内観法はこれまでいつの場合でも、中途半端で土俗的な仏教理論に汚染された混沌の中で語られました。この混沌を臨床心理学と哲学と神経科学の論理で清掃し、その上に内観法原理を構築しなくてはなりません。内観法に精神心理技法としての正当な市民権を与え、その国際化を図るための根本原理を作り上げるのが本書の目的です。

（1）念仏を唱えるだけで救われると説く浄土教を「易行道」といい、それに対立して自力で修行して「見性」を得る仏道を「難行道」という。

二　生命躍動性と矛盾の契機

記憶を想起するとか何かを見たり考えたりするというような、大脳神経の高次機能をつかさどっている大脳新皮質には、重要な機能として考えられている二つのものがあります。その一つは、神経細胞自体がみずから発電発火していることです。その二は神経回路がつながって働こうとする際に、興奮性細胞と抑制性細胞が互いに対立し拮抗するという機能をもっていることです。

大脳神経細胞は生命躍動的な情動・精神に火を点じる発電・発火という能動の契機を持つだけではなく、情動的な精神の伝達を抑制しようとするマイナス方向への力が強く働いています。精神が抑制に向い自己否定するこの強い傾向性を、わたくしは精神固有の運動原理として捉えます。

興奮に対する抑制という相反的矛盾を待つのは人間の心や精神や神経細胞だけではありません。概念、理念、自然、社会の中にあるありとあらゆるもの、例えば愛情、正義、馬糞、相場に至るまで一つの例外もなく、すべてのものがそれ自体の中に躍動し変性し他のものへと変化・発展する矛盾を宿しています。

ソクラテス以前の哲学から今日までの哲学を通覧してみますと、ものごとをこのように生命躍動的に捉える哲学者はヘラクレイトス（BC五四〇〜BC四八〇）とヘーゲル（一七七〇〜一八三一）の二人をその代表として挙げることができましょう。ゲオルグ・ジンメル（一八五八〜一九一八）もわたくしと同じ見解です（E・フロム著、佐野哲郎訳『生きるということ』四七頁）。

矛盾（ヴィートリヒカイト）という言葉をヘーゲルの別の言葉でいいかえますと、生命躍動性（レベンディヒカイト）です。矛盾といい生命躍動的というその要素は、人間精神を深めあるいは発展成長させる根源の概念です（ユング『続・元型論』林道義訳、一九八八年、一二三頁以下参照）。

ヘーゲルが一八〇一年に、イェーナ大学に提出した就職論文の第一テーゼ(2)には、「矛盾は真についての規則であり、非矛盾は偽についての規則である」と書いています。

「矛盾があるということこそ真理だ」と、読者の皆さんに心から納得して頂けません限りわたくしは、精神やこころを形成する大脳神経細胞に見られますところの対立拮抗する活動を語ることはできません。その対立を基礎におきながらはじめて内観法原理の科学的解明（第八章）に向かって歩を進めることはができるのです。

ここでヘーゲルのあげている矛盾の事例を列挙してみます。

数学ではプラスとマイナス。円の周辺と中心。物理学の極性。酸とアルカリ。補色の関係にある二つの色。上と下。右と左。親と子。生と死。光と闇。善と悪。真と偽（島崎隆等、『ヘーゲル用語事典』未来社、一九九一年）。

生と死も矛盾的存在です。すべての生は死という矛盾の契機をその中にかかえているからこそ、生が生きて輝くのです。人間の神経中枢をつかさどる大脳神経という物質の活動も、ホルモン内分泌系の構造も同じです。その全体が矛盾を含んだ複雑な生命構造体としてなりたっています。わたくしどもの無意識下では、自律神経は交感神経、副交感神経という対立矛盾する二つの系統で組成され、視床下部や下垂体が管理支配する内分泌系も、放出ホルモン、抑制ホルモンという矛盾対立する二種類の系統によって生命有機体の働きを高めようとし、矛盾・抑制・拮抗機能が均衡とバランスを保ちながら動いています。人間の精神は、自己ともう一人の自己の対峙、自己否定、さらにその否定、そして矛盾の統合へと順次発展する精神運動のプロセスから成り立つています。これまでの内観法理論ではしばしば「自己を自罰的に見るのが基本」だといわれました。これは臨床心理学者や精神医学者たちの話法で、内観技法全体のプロセスの中の、単なる一断面を強調する考え方にすぎません。このような話法は必ずしも科学的な理論とはいえません。なぜかといいますと、内観者が内観実習で自罰的な心情になるその直前には、必ずやしびれるような恩・愛への共感と感動が厳然として存在します。そしてその次に精神の自己否定という運動法則からしまして、それはやがて精神運動自体の変化・発展プロセスの中でおのずから否定され、その対局である自罰の心情へと変化するからです。

内観が深化しますと、人々の恩・愛に応えていなかった愚かな自分自身への気づきが生じ、自罰的になり絶望的心情になります。しかしその絶望もたちまち精神のもつ自己否定の法則性から、それだけ愚かな自分が、なお物たちや人びとから支えられて生かされているという気づきにおのずと変化し、即座に感謝と歓喜が湧き上ります。このように次々変転する精神運動現象の単なる通過過程の一断面に過ぎない自罰意識をことさらに強調し、「内観法は本来自罰的である」というのは精神運動法則に反する誤った認識に外ならないと思います。

（２）　これはヘーゲルがイエナ大学の私講師として、哲学の討論をするその資料として、ラテン語で書いて提出したものので、一二項目からなる（『ヘーゲル事典』弘文堂、二二一頁）。テーゼという言葉は、「定立」という、今日ではあまり聞くことのなくなったヘーゲル語である。これを否定するのが今日なおよく日本語として活用される「アンチテーゼ」。さらにそのアンチテーゼを否定して統合（ジンテーゼ）に至るのがものごとの運動の過程である。このような三段階精神運動原理をそのままむきだして使うことをヘーゲルは実は嫌がっている。念のため。

三　観察する自己の発生

内観者とは、最初のうちは、自分自身の見えない古い自分自身のことです。その自分が内観で作った母なら母という対照群に自己を高頻度で映し続けますと、自己はやがてその対照群に共感し、強い衝撃を得ます。するとその衝撃を受けた自己は、精神の自己否定という精神運動法則によりまして二つに分裂します（一三四、一四九頁）。日常的な言葉で表現しますと、突然もう一人の自分が見えてくるのです。もとの古い自己が、自分自身のわかる明晰な自己を生むということです。新しい明晰な自己は、父母、兄弟という対照群の恩・愛の巨大さに驚き、目の前にいる今までの自分の浅はかな考えや、愚かしい行為への恥ずかしさに気づき、一旦は落ち込んでしまいます。これは衝撃によって精神が躍動し、第二の自己が生まれる瞬間の情景です。

それは治療主体である自己のまん中に治療客体である自己が現れる瞬間の情景でもあります。新しく生まれ出た「観察自己」とでも呼んでいい治療主体としての自己は、もう一人の古い治療客体に対面し、まるで内観実習の中で行われる劇中劇としてのカウンセリングであるかのように、相手の悩み悲しみ苦しみを聴き取り、優しい慰めの対話を始めます。絶望のどん底まで落ち込んでしまった古い自己は、「観察自己」の適切なカウンセリングによりまして瞬時にして気を持ち直し、希望と感謝の境地へと向かいます。このような情景から右のような治療主体、治療客体合一という情景が現われるのです。

三　観察する自己の発生

内観法で内観者が対面する新しい自分と元からの古い自分は、完全に同質の者です。身長も体重も学歴も頭髪の本数も、そしてパーソナリティも何から何まで同じ質の二人です。

新しい自己は、古い自己が作り出した観念上の、例えば「母の鏡」の中から飛び出して来て古い自己に激しくぶつかります。カウンセリングの世界ではこのようにクライエントと同質の者が最もいいカウンセラーの働きをするということは、文句のない根本原理です。同質の二人が心を通わすというカウンセリングの模範的技法が、内観法実践中の二人の自己の中で行われています。カウンセラーともいうべき新しい鏡から飛び出して来た新しい自分は、もう一人の古い自分に、巧みに、しかも遠慮会釈もなく叱咤しつつ心を通わせます。

内観によってつくりだされるこのような劇中劇カウンセリングによりまして内観中の自己は、従来自分が抱きかかえていた精神的煩悶のその根源（ストレスの原因物質）が自分の周囲の人々の誤解や悪意の中にあったのでなく、自分自身の精神の内側に巣食っていたことに気づきます。と同時に自分の中に発生した共感は他人や他の物に浸透し、一定の感化力を発揮しつつ、自分の回りの人びとをも変えて行く力を持つのです。

それだけではありません。対照群に照らされつつ行なわれる自己と自己とのカウンセリングによって、弱かった自我力は、今まで自分の中で眠っていた生命躍動性そのものに点火され、急速に成長します。自己とのカウンセリングとは、自分自身が生命の躍動する共感劇場の劇中劇の中で自己対決的に自己と激しく、また優しく出会う出会いです。古い自己と新しい自己のドラマチックな邂逅です。ここでは二人の自己を、互いに対立・拮抗する精神として自己否定的に把握することが大切です。しかも、

① 『対立した自己と自己がお互いに対して輝きあう』こと、および

② 『対立するお互いの内へ輝きつつ入る』ことに注目する必要があります。

①と②の『　』内のフレーズを特に原語（ドイツ語）で掲げておきます。

① Gegeneinader - Scheinen　② Ineiannder - Scheinen

ここに表わしました二つの自己が輝きつつ対立し、滲入するという表現はヘーゲルの言葉です。(3)

人が内観しますと大悩連合野が活動します。するとこれに連動してホルモン系、モルヒネ系（いずれも自律神経系）が活動します。大村裕九州大学名誉教授は、ご自身の研究結果にもとづき、連合野（情動の抑制等を司る）が活動すれば、こうした自律神経系が活動するので幸福感、解放感、光輝感情が出てくるであろうと推測しています。

「ふたつの自己が対立しつつ輝く」などという情景は、深い内観を体験しない人には容易に理解できないと思うのですが、大脳生理学も内観も知らないヘーゲルという天才にはそれが分かるのです。この言葉は精神運動の質的変化発生の神髄を語る、哲学的・臨床心理学的・神経生理学的英知に満ちた的確な表現だということができましょう。

例えばごらんください。放火殺人罪を犯したN少年は、内観体験中の感想として次のように述べています。

今、体の中が、熱いエネルギーとでもいうのか、ウンウンとうなり出して来ているようです。はじめチロチロと燃えていた感謝の炎が、ぱあっと燃え上がりました。私の過去は薄汚く、汚物のかたまりでした。しかし今では過去の汚物の塊に対しても、「美しいもの」として素直に目が向くようになりました。素直に自分に目が向けられるようになりました。

N少年にありましては、内観中に古く汚い一人の自己ともう一人の明晰な自己が輝きつつ出会い、お互いの中まで輝き入るありさまを自分自身の言葉で見事に語っています（拙著『出会いと共感』二四〇頁）。

N少年が体験しているこの場面とは、今までの古い自分が新しい自分を反射鏡の中に作り出し、対立することになった新しい自己と、熱い出会いを出会い、音さえ発しながら輝いているところです。これは『生命躍動性』という、人間精神にひそむ神性と悪魔性という矛盾が、自己のなかに隠れひそんでいた恩・愛にくるまれた宝物を発見し引き出し終えた時の自我統一の光景です。

N少年は自分の目のあたりにこのような新しい自己生誕の光景に目を向け、歓喜に燃えつつ輝いているのです。

この情景を臨床心理学的にいいますと、反射鏡の中に内観者自身が創り出した（究極的には内観システムの鏡の中におのずと浮かび出た）、自己に対する他者としての新しい自己との出会いと共感の情景です。

人が安易に個性と呼びなすものの中には、精神の対立・拮抗という自己否定を経ないものもあるでしょう。そのようなものは個性とは到底呼べません。それはわがままな地金にすぎません。なぜならばそんな地金は前記のような自己対決を経ていませんので輝くことがないのです。

（3）　対立したものの統一だけを考えるだけではいけない。対立したものが互いに輝きあうこと、およびお互いの内へ輝き入ることを把握することが大切である。本文に出ているドイツ語もヘーゲルからの引用として書かれている（マルチン・ハイデッガー『ヘーゲルとギリシア人』『弁証法の根本問題』晃洋書房、七頁）。

四　内観法の哲学

(1)　哲学者の考え方

内観者が作り出すこのような内観法の自己否定と統合の、動的でしかも優しみのあるプロセスは、古代ギリシヤの哲学者ヘラクレイトスやアリストテレス（BC三八四〜BC三二二）やヘーゲルたちがおそらく渇望していた自己を発見するための究極の精神技法であるといえます。古代ギリシヤの哲人たちにとっては、真理とは自己自身を指向し、まるで火と燃える情動と一体化し矛盾に満ちた精神のビビッドな動きが自己であり、これを探究するのが哲学であったに違いありません。ヘラクレイトスは、すべての生成は相争う対立の結果であり、対立物の結合と調和の内に統一があるといっています（シュヴェーグラー『西洋哲学史』上巻、岩波文庫、五七頁）。

自己分裂と自己対立のシーンを通り抜けなければ、二つに分裂し対立した自己自身の統一・結合が出現できないものであることを理解しなければなりません。

次に内観法をアリストテレスの目で見、その言葉で表現してみます。アリストテレスは、自己とは思考するものと思考されるもの、認識しようとするものと認識されるものを、一身に統一しているもの、主観がそのまま客観であるというような言葉で表現できる、といいます（シュヴェーグラー、前掲書一九四頁）。

アリストテレスのいう、主観と客観を一身に統一した二人の自己の対話とは、内観者自身が、拮抗と対立を経た上で営む自己自身との対話にほかなりません（一三六頁参照）。

人間精神の運動についてヘーゲルは、

① 主体としての真理は、自分自身を産み出しながら進行し、自分自身にかえる行程である。存在するものの運動は、一方では自分に対して他者になることによって、自らの内在的な内容となり、しかも他方ではこの展開もしくは自分のこういう在り方を、自分の中に取り戻すことである（中埜肇『弁証法』中公新書、一四一頁）。

② あらゆる概念はその内に自分自身とは反対のものをもっており、自己を否定して反対のものになる。ある概念が否定されると、それだけ豊かにされた、一つの新しい概念が生まれてくる（シュヴェーグラー、前掲書下巻、二八六頁）。

といっています。この運動形式は、精神が常に円環的に自己に還りつつしかも発展するという考え方です。このように精神が常に自己に還りつつしかも発展するという捉え方は、内観で誰もが体験する「自己との出会い」の情景の如実な描写に他なりません。

①の叙述の、「主体としての真理」とは内観法でいえば、主体としての自己意識のことです。

②に三回でてくる「概念」という用語を、三回とも「自己」と読み替えて読んでみて下さい。するとたちまち内観の心的情景が出現いたします。

このようにして内観法での納得を伴う二人の自己の和やかな自我統一の原理は、

①　想起・調査に関わる間、ひたすら父、母、兄、弟などの対照群について恩・愛という「共感要素」を尋ね行く内観者自身が、自己を分裂させてこの自己を客観視し、

②　それを内観者のそばにいてバックアップする内観指導者の、内観者絶対尊重という温かな心情と厳粛な雰囲気、

の相互作用の総和の中に存在するといえましょう。

(2)　媒介によって見る

地球上に存在するすべてのものは、相互に密接あるいは緩やかに関連して存在します。例えば自然界でいえば太陽と水、大気と大地、そこに繁茂する植物、生息する動物、人間、バクテリア、それらは互いに関連し、相互に依存し、対立し、支え合い、地球全体の生態系を形作っています。家族社会、地球社会を見れば、父母、兄弟といった血縁、隣人という地縁、学校、職場、趣味のグループなどという、意味あるつながりの中に人びとは日々生かされています。

生命有機体としての人体をみてみますと、その組織体は臓器も血管も神経もすべて相互に関連しています。その体内のいずこに異変・病変が起きましてもその歪みは全身に影響を及ぼします。またその歪みを修正しようとする速やかな生命有機体らしい独特の反応をみずから引き起こします。このよ

うにわたしたちを取り巻き、わたしたちを支えてくれている人や自分の手、足とか物との深いつながりを通して自分自身を調べてみる見方を、「媒介によって見る」といいます。

内観技法は、人間の眼に見えない自己の内面を、こうした多くの有意な媒介物に映し、その反映物を通して見る技法です。自己を映して見るというのですから反射鏡という媒介物なしにはそもそも成り立たない技法です。

内観法で用いる反射鏡という媒介は、多くの場合自分の父母、祖父母、妻子、親友、恩師といった近親者、友人、学校の教師など、自分を周囲から支えてくれている対照群です。

内観法はより多くの媒介群に自己の心を映し、その映り方を通して、より豊かな自己を捉えようとする技法です。

父母、兄弟、恩師といった、自分の中で活きているメンタルな媒介物を経由し、恩・愛という統一された独自の価値体系をもつ文脈、指導理念に照らして自己否定的に観察して見ますとき、ありのままの自分を、初めて直截に見て取ることができるのです。

私たちがこの世界の中で見る物はすべて単独にあるのではありません。いろんな仕方で他のものと結ばれ、相互に依存し合いながら存在しているのです。言いかえますと、他のものによって媒介されて在るのです。ですから他のものとの関係をぬきにしては考えられません。こういう相互媒介の関係の中に事物を見てはじめて具体的にものを見るということがいえましょう（中埜肇『ヘーゲル』中公新書、一三五頁)。

また媒介をとおして見るという過程の全体こそが真理だと考えなくてはなりません。その場合媒介されることが深ければ深いほど真理性が高いと考えるのです。媒介されて内容が深まり、発展すればするほど内側に掘り下げられます。そのことは自己の内面化の進行とか自覚の深化ということにつきましても同様です(中埜肇、前掲書一四三頁)。

このような(哲学的)方法とか見方は、内観者が利用する父母、兄弟姉妹といった媒介物(対照群)を次々取り替えてそれに自己を照射する回数が増えれば増えるほど、見ることがますます具体化し内面的に深化し、より真実の自分に近づくという可能性を増大させるでしょう。

内観法の基本的システムはこのように、自己を調べ見る際に、自分自身を数多くの対照群という媒介物に映し、さらに内観三項目＝恩・愛という媒介からも厳しく拘束を受け、幾重にも性質の異った対照群という鏡を活用しながら、一定の文脈にしばられつつもフロイトのいわゆる「自由連想的」に、深くしかも価値創造的に見させるように構成されています。

媒介物を利用して探れば、なぜものごとを価値創造的に理解できるのでしょうか。我が国の仏教の歴史では、親鸞(一一七三〜一二六二)は、法然(源空＝一一三三〜一二一二)という媒介者に徹底依存することによって浄土信仰の真実を得ました。道元(一二〇〇〜一二五三)も日本の栄西(一一四一〜一二一五)や中国の如浄(一一六三〜一二二八)という高僧を媒介者とし、「座禅」という方法を主要な方便・媒介物として仏法の真実を得ました。この場合の媒介とは、宗教的真理への導きの糸でした。

目を転じて身近かな宇宙空間を見てみましょう。そこにはいろんな波長のラジオ電波、テレビ電波などが飛び交っています。それらの電波は直接目で見ることも、耳で聞くことも、手で触って感じることもできません。ラジオやテレビ受像機という媒介物を使うことによって初めて、宇宙空間に電波が飛び交い、それぞれに重要な仕事をしていることが初めて五官に認知できます。

このように、こころや魂の救済、思想、権利、義務、電波などという、「眼に見えず直接聴くこともできない実体」は、最も適切な媒介物を介して、目で見、耳で聴くことによって認識する以外に手はないのです。

五　仏教最高の真理「ニローダ」

釈尊（ＢＣ五六六〜ＢＣ四八七）は「慈悲に満ちたブッダ」ともいわれます。紀元前五三七年に五人の弟子に向かって初の説法をしました。釈尊はその時の説法以来入滅にいたるまでの約五〇年間、中道、四諦《たい》、八正道など仏教の真理について多くの説法をしました。パーリー語で書かれた釈尊時代の原典には、右の真理の中の最高の真理を伝えているものがあります。それが四諦《たい》（諦とは真理の意）の第三番目にある「ニローダ」です。中村元博士はこれが仏教の最高の真理だといいます。ニローダとは欲望の抑制です（漢訳では四諦の中の滅諦）。中村元氏はニローダを説明するために「煩悩即菩提」という有名な言葉を引き、煩悩を抑制しコントロールして菩提（パーリー語でボディー＝清浄無垢）に至るのが仏教の真理の中の最高の真理にほかならないと述べています（増谷文雄、中村元、奈良康明編『釈尊の人と思想』一四九～一五一頁）。

煩悩即菩提の「即」ということに関連しまして中村博士は、欲動や情動を抑制し滅することなくそのままで菩提（清浄無垢）に至るのではない。人間のもつ欲望や情動は念仏とか各種の行（ぎょう）を励むことにより、初めて清浄無垢が実現できるのだと説明しています。

深い感動とともに静かに内観者を襲うのは自己否定としての情動の抑制です。その結果もたらせられるのが素直で清浄無垢な心境です。内観に見られますこのような素直と清々しさは、日本文化の生んだ神道の基本的価値だというのが従来繰り返されて来た村瀬孝雄教授の内観法論の主眼でした。川原隆造教授もなぜか村瀬説を評価しています（川原隆造『内観療法』六四頁）。

わたくしは神道（という宗教）の基本的価値はよくわかりません。しかし内観者が到達するこの清浄無垢という境地は釈尊の説いた最高の真理そのものであるように考えられます。深く弥陀に帰依していた吉本伊信が開発した内観法は、「清浄無垢に到達するための情動抑制」という、釈尊の定めた最高の真理実現のための哲学であり技法だったであろうと、素直に考えられないものでしょうか。

人の精神が深化に向かえば向かうほど、大脳新皮質の神経回路は限りなく情動を抑制する方向に接続されて働くのです。ということは興奮性シナプスは抑制性シナプスによって厳しくあるいは精妙に制御抑制され、抑制性の神経機構による興奮性神経機構に対する拮抗・抑制機構によって自己否定されることにより一層拡大され（一九二頁）結合・伝達されるのです。これが今日の大脳生理学の知見です。

釈尊は今から二、五〇〇年以上も前に、このような大脳生理学の神秘的なメカニズムに完全に合致する悟りの道すじについて洞察を行いました。吉本伊信という天才は恐らくは釈尊の説いた最高真理を確実に捉え、その真理を実現する、衆生・庶民のための簡易技法を一途に追求し、内観という究極の技法を開発したとみるべきではないでしょうか。

六　否定と向上と統合

一九六〇年五月二三日午前四時、南米のチリでマグニチュード八・七五の地震が発生しました。その翌日の午前四時、地球を半周した「チリ地震津波」は岩手県の宮古湾に押し寄せました。一人の漁民は、目の前の宮古湾の海水がカラカラに干上がっているのを偶然にも目撃し、津波の来襲を予知し、人びとにサイレンや半鐘で非常事態を知らせました。人びとは着の身着のままで高台に避難したため一人の犠牲者もありませんでした。奇跡だとして今日に語り継がれています。

たまたま宮古市の旅館に泊っていたわたくしは、未明にそのサイレンと半鐘で起こされ、その日何度も引いては押し寄せる大津波を見物しました。そしてプラスの力に相応したマイナス抑制の力が、実は自らのエネルギーを増大させるポテンシャル（潜在的可能性）として一つの津波に含まれているものであることを如実に知りました。

精神の自己否定とは、「間違いだ、価値がない、だから捨てよう」という廃棄の意味ではありません。押し寄せる前に自ら潮をマイナス方向に大きく引かせることによってより巨大なエネルギーを発現するチリ地震津波がポテンシャルとして持つ運動エネルギーの姿が自己否定のはたらきです。

内観法のもつ第一法則は、自己否定という精神の運動法則です。恩・愛という指導理念のもと、膨満した自我をありのままに知り、防衛意識を繰り返し自己否定してえぐり出し、自己の清浄化を達成しつつ自己実現するのが内観です。その根底には、力を増幅する契機として働く「精神の自己否定という精神運動法則」があるのです。

このような自己を『否定』する精神運動では、古い自分が否定されるのですが、廃棄・抹殺されたりはしません。その残骸は以後醜悪な自己を映す清浄な鏡として機能します。元の自我は否定されても『マイナスエネルギーとして保存』されるのです。そのマイナスエネルギーはかえって自我力を強化し、『向上させるエネルギー』になります（第八章五、二〇〇頁）。

六　否定と向上と統合

精神運動の『向上』は円環的です。それは共感の発展法則（一三五頁）と全く同じです。

以上をまとめますと、精神運動が自己否定に向えば自我は廃棄されずに形を変えて保存され、それによって自我が強化され向上させられるという法則が認められるということです。

精神運動に見られますところの、否定、保存、向上という三つの要素を同時に含みもつ精神運動の法則性のことを、ヘーゲルは止揚（アウフヘーベン）という言葉で呼んでいます（岩佐茂等『ヘーゲル用語事典』未来社、一九九一年）。

内観では、恩・愛文脈の観点から、溢れ出る涙とともにこのような自己否定を幾百回、幾千回でも繰り返します。しかしどれほど自己否定を繰り返しましても、自分が長年保持してきた思い違い、考え違い、さらには汚辱や罪の記憶が完全に心の中から消去されて無力なゼロになることはありません。精神の中で主役を演じていた防衛的自我（汚辱）の残滓は精神の向上・深化に力を与えるための、汚くてしかも美しい焼跡として保存され、それがかえって精神飛躍のマイナスエネルギーとしてバネのように保存されます。

ことばをかえて申しますと、それまでつま先立ちして動きのとれなかった内観者は自己否定によりまして汚辱と罪の記憶を保持し、言葉どおりその尊く得難い汚辱を、人格の向上・深化のためのマイナス方向へのバネの力に変えて保存するのです（前頁一〇行目以下）。

自己否定（抑制＝ニローダ）は仏教の最高の真理だというだけではありません。内観法原理の中の最も重要な根本原理です。だからわたくしは自己否定を内観法の基幹的法則と呼ぶのです。

止揚という精神運動法則は精神を統合する力ですから、防衛的自我に包まれて見えなかった汚辱を好ましい清浄に化し、プラス価値に転化し、自己の全身に響かせます。ということはさっきまで防衛的自我の中にかくれて自己を偽り続けていた自我が偽りの衣を脱ぎ捨てる力を得て清浄無垢になり、自分の目の前にお目見えするのです。煩悩即菩提の「即」という意味をヘーゲルの用意したことばで説明しますと、これだけ長くかつ厄介な説明が必要です。

止揚によりまして新たに生れました自己は、このような恩・愛と罪意識が矛盾なく統一される地点に立ち、大きな感動を覚えざるえ得ません。その時に発生する厳のような感動の力が自分を自己卑下から救います。内観者はそのような汚辱と聖の同居する自己をそのまま納得の心で受け入れます。精神の統合が心の最深部で優しく柔らかに受け入れられるその原因・要素となるものは、内観者が内観で会得した恩・愛の理念と文脈につながって生まれた抑制心と、それにもとづいて生成された清浄無垢な『真我』の自在なはたらきに外なりません。

七　悪多ければ徳多し

内観技法にのっとって行われますところの止揚のら旋的運動が順次熟成しますと、今まで抑制の心とバランス感覚を失い、本能にまかせ、自我にまかせ、情動にまかせて自己主張の連続だった日常生活の中で極限にまで膨満し切っていた自我に、矛盾（生命躍動性）・抑制の反対エネルギーが注がれます。すると、失われていた「真の自己」や「真の個性」は突然に、氷のような罪悪感の中からその氷を瞬時に溶かすエネルギーを、不思議の彼方から受けとります。するとはじめて自由で個性的な清浄無垢な真我が現われはじめます。

このような不思議な精神変化の機序は冷たい論理だけでは説明し尽くせない、精神的高揚を伴うドラマチックな逆説的精神現象です。そのような現象を説明いたしますため、こんどは親鸞の説く弥陀の救済思想に基づく信仰賛歌を引用してもういちど「即」のかたちを説明してみましょう。

氷が水となるように、　罪が功徳に即変わる
氷多きに水多し。　悪多ければ徳多し

この信仰賛歌から浄土教思想の思想性を拭い去り、精神の運動法則に合うように内観的に解釈しますと、それは次のような意味になるでしょう。

父母その他天地自然のもろもろの対照群から受けた愛と恩恵の自覚によって共感と感動が降り注ぐ。内観者がそれを浴びる。すると自分の犯した迷惑や罪の数かずは、瞬時に顕在化され、そこに劇的な苦悩が発生し、おぞましい自己への気づきが発生する。

深く内観してみると、母に対してだけではない。周囲の、ありとあらゆる人に対して、数え切れない程の迷惑をかけ罪を犯している自分に、それでもなお力を与え、支え続けてくれているたくさんの人たちや物たちのいることに気づく。

内観者のその気づきは、罪の自覚と挫折を呼び、挫折は氷のように固く冷たく、あなたの心を締め付けるであろう。しかしそこからやがて瞬時にして奇跡のような情景が展開して行くのだ。

あなたが母をはじめ多くの人々に対して犯した迷惑や罪からくるあなた自身の煩悶は、瞬間的に跡形もなく溶け去り消えうせ、即座に感謝と感激の涙にくれる第三の自己に転化するだろう。それは冷たく堅い氷が、熱エネルギーを受け取ると、たちまち溶けて自由で自在な水へと質的に変化して行くという大自然の条理と同じである。

しかも、犯した迷惑や罪や煩悶が重ければ重いほど、内観的回心によって得る喜びは、それだけ大きいことを知ることになろう。

内観法的記憶想起エネルギーが内観者に満ち、臨界点に達し、爆発的に引き起こされる強大な感動をよく見てみますと、そのとき自分に注がれて来た恩・愛の認知が導きの糸となり動機となっていることに気づかされます。そこから自己否定と自我抑制の心が起こされ、やがて直ちに人間の生来的に持つ罪悪の自覚に導かれるのです。これが内観者に現われる「即」のかたちです。

しかしそうした罪悪自覚の蠢動は、どんなに振幅が激しくなり、自分を圧倒するほどの強震、激震、爆発になったとしましても、内観未経験の人が恐れるように、その強い圧力は決して自分を卑下とはずかしめの泥沼に漬け込むような残酷には決してつながることはありません。

なぜかといいますと内観中に生まれてくる明晰な自己の持つ罪悪感は、他人から責められ、しようことなしに認めさせられるような罪悪感ではないからです。それは孤独や孤立や敵対に吹きさらされる悲惨な境遇で思い知らされた罪悪感ではありません。それは尊敬、信頼、友愛のしるしとしての礼拝にくるまれた内観実習の中で生まれる罪悪感です。明晰な自己は内観者におだやかな納得を与えつつ、自らをその反対物である幸福に転化させる生命の躍動するエネルギー的な要素を備えています。その罪悪感は内観者の目の前でたちまち功徳（神や仏が与えるよい報い）に、瞬時にして転化いたします。挫折絶望の状態に落ち込んだ内観者は、ほとばしり出る涙とともに瞬時に挫折から感謝、法悦の境地に押し上げられます。しかも罪悪をより多く積み重ねて来た者ほどその価値的逆転から受ける感銘と感動の度合いを劇的に感じるというのが、上に掲げた親鸞の逆説的感懐です。

放火殺人罪を犯したN少年が、一九八一年一二月八日、判決を受ける直前に、母にあてて出した手紙の文面を素材にして、精神の「自己否定から発生する歓喜の構造」を一べつすることにいたします。

母さん。内観というのはね。私が思うには、宝の入った金庫ですよ。
内観は心の鍵。
宝のいっぱい詰まっている自分の心の鍵。
その鍵を開けるのは自分。
自分自身しかその鍵を使える者はいないこともわかりました。
今日の発見を一生大事にします
　それではお母さんお体大切に。
そして内観の心、忘るなかれ（拙著『出会いと共感』二五〇、二五三頁）。

N君は、人々の恩・愛を通して自分の罪と罰をつぶさに想起しました。すると放火・殺人という犯行の作用に伴って生じた強い自己卑下もいつしか克服し、罪や罰に密着して巣くっていた自分の荒れ果てた心は、父母の強大な恩・愛におのずから共振し、罪と罰に汚れた過去の一切の汚物が、まばたきのうちに宝玉へと逆転昇華されたのです。そしてそのことによって、N少年は、内観とは自分の心の扉を開く鍵だった、その鍵は宝の入った金庫の扉を開ける鍵だったと、暮れ近い冷たい獄窓の下で歓喜にあふれつつ叫んでいます。

N少年の感懐の中には止揚と呼ばれる精神統合の姿が具体的に示されています。一瞬のうちに行われますところの精神の逆転昇華のお話とは、自分しか使えない内観のカギで、自分の犯した数百個の罪と汚辱が詰っている箱を開けたことから始まります。開けてみるとこれはどうしたこと。殺人者である自分の心自体である罪や汚物は、一瞬にしてさん然と輝く宝物に変化していたというのです。N君自作の「現代内観おとぎばなし」です。彼は内観による精神の劇的変化の情景を、右の親鸞の讃歌以上に感動的に語っています。N君は恩・愛という究極の宝物を、自己の記憶の中にあった犯罪と汚物それ自体の想起・調査によって発見し、その一瞬の転換の喜びを一大発見だとして感動的に表現し歓喜し、母の名を呼んでいます。これは内観法がもたらした究極の法悦です。

第八章　情動抑制の生理学

一　内観法と神経生理学

わたしどもが何らかの記憶を想い出そうとしますと、大脳の中では記憶伝達物質が電気信号として神経線維の中を通って行きます。記憶伝達物質が同じパターンの想起文脈に乗せられて神経回路を高頻度で繰り返し通って行きますと、それまであまり使われていなくて休止状態だった回路は、「繰り返し効果」によりまして急速に回路の接続を増やして行きます。

サルの大脳皮質の中で常時活動している脳細胞は、一、〇〇〇個につきほんの数個しかありません。それ以外はつながりがなく休止しているのです。動物に一定の音楽を繰り返して聴かせます。するとそういう繰り返し学習の結果、ツバの出る神経回路がつながって働くようになる。あるいは胃液が分泌される、お乳がたくさん出る神経回路にも接続して行きます。「繰り返し学習効果」によりまして神経回路が活性化し、次々つながって行くのです。これによって以前その動物にはなかった新しい能力が芽生えて行きます。これを人間にあてはめていいますと、今までなかった潜在能力がぐんぐん掘り起こされて来るということを意味します。

これは大脳神経の可塑性とよばれる一般的特性によるものです。そのような大脳神経回路の活性化は一般に、「繰り返し学習」を開始した二〜三日後には形成されるといわれます。内観者のやる記憶想起は文字通りの高頻度な反復学習です（一一一、一三二頁）から、内観につきましても当然にこうした大脳の可塑性による目覚ましい成果が生まれてくるはずです。

わたくしどもが内観を一日一五時間づつ連続実習しますと、開始の三〜四日後には記憶の湧出がにわかに促進され、古い昔のできごとが臨場感さえ伴って生なましくよみがえります。そのような心的現象の起こる原因は、大脳神経のもつ可塑性という特性に起因するものです。大脳のもつこの特性は、「エピソード記憶とは漠然としか覚えていられない」と教えていた従来の認知心理学の常識をくつがえすものです。

内観技法のもつもう一つの特色は、記憶想起が恩顧・愛情の文脈に徹頭徹尾執着し、自己否定に徹して行われるという点にあります。これもまた大脳の可塑性に強力な作用を及ぼします。

このような内観法の特性は大脳細胞の神経生理学的な活動の法則性を的確に捉えています。

内観法のもつこの二つの技法的特色によりまして、内観者には観念の転回（自分への気づき）が全身性の感動を伴って生起し、その気づきが新しい能力としてしばしば半永久的に記憶に固定されます。

内観法のもつこの二つの技法的特性に焦点をあわせ、以下内観法がなぜ効くかということにつきましての神経生理学的な原理につきましてご説明します。

二　記憶情報の脳内伝達

感覚器官の内外から脳内に入った記憶情報は、神経回路を意味するニューロンのつながりの中を微弱電流に乗せられて進行し、ニューロンから延びる神経線維の末端にあるシナプスの中の小胞（しょうほう）に伝達されます。シナプス小胞は、細胞膜のところではじけ、その中に詰まっている記憶伝達物質は細胞膜に開いた穴から、対岸のニューロン外壁に向けて弾き飛ばされ、そこに並んでいる興奮性シナプス受容体に付着結合しようとします（上図）。ところがその興奮性シナプス受容体のまわりには、それよりもさらに数において優勢な抑制性シナプスが群がり、これをかご状にとり囲んでいます。興奮性

シナプスでの記憶伝達

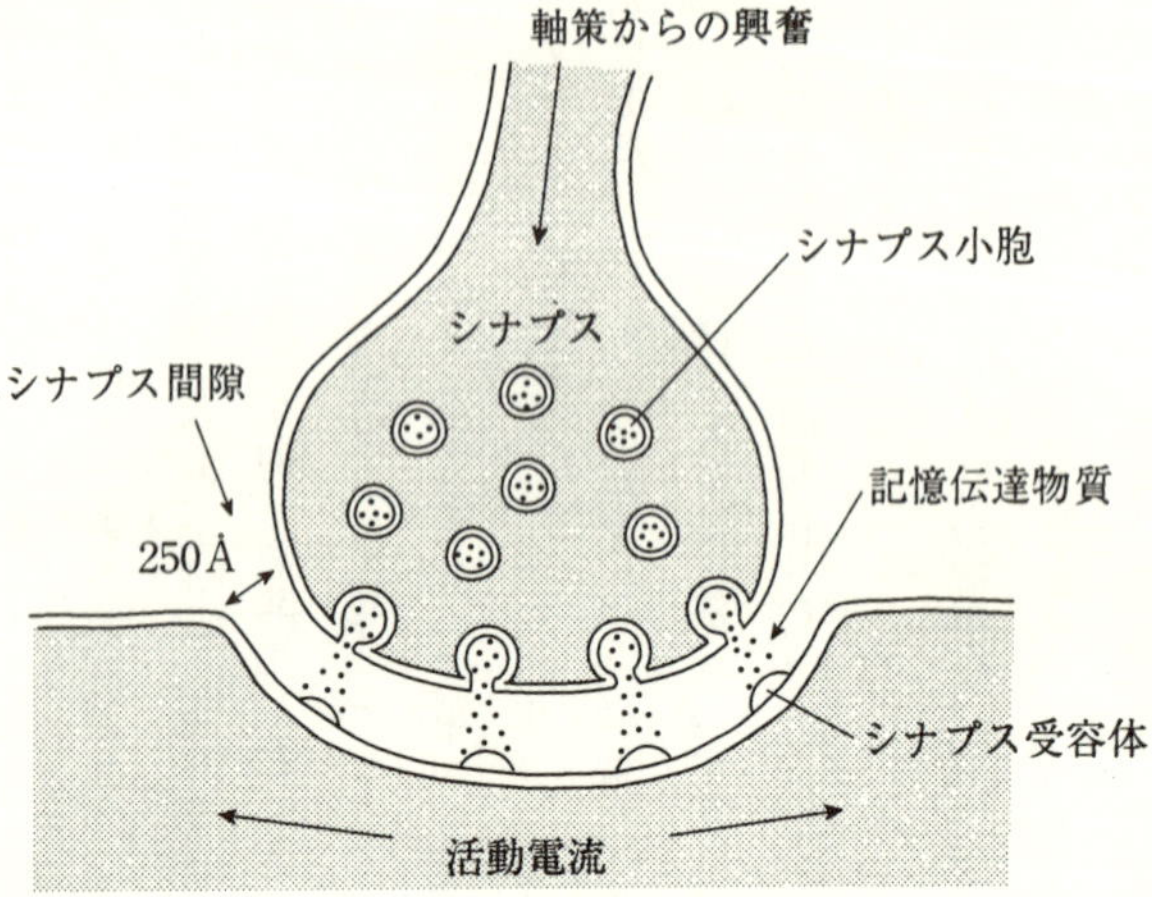

シナプスの受容体に記憶伝達物質が結合しようとしますと、当然に数において優勢な抑制性シナプスからの、時に強力な、そしてある時は精妙な抑制・干渉が働きます。記憶伝達物質が、一定の想起文脈に応じた興奮性シナプス受容体への結合を果たすことができるのは、その時点での記憶伝達物質を伝達しようとする興奮性シナプスの興奮度が抑制シナプスの興奮度を上回るときにだけに限られます。

情動記憶の赴くままでの記憶伝達は強く抑制・制限されざるを得ません。そこで行われる結合が成立しなければ記憶伝達物質はそれ以上先へ伝達されることはないのです。

一九六三年にノーベル生理学・医学賞を受賞した元オーストラリア国立大学J・エックルス教授（一九九七年五月逝去）の受賞理由は、彼がそのような興奮性と抑制性という二つの全く相反する機能をもつシナプスのメカニズムを発見したことによります。

神経回路の働きを見てみますと、そこでは感覚器官から指令された電気的なデジタル信号をそのまま次へ伝達しているのではなく、ニューロンの中で電気的記憶情報を受けたらそれをシナプスの中で化学情報に変化させ、個性的なアナログ記憶情報に変えて伝達し、しかも同時にそれを記憶として固定させるような神経回路機能が観察されます。

ニューロンの数は約一〇〇億個、その端末にあるシナプスは一〇〇億×一〇万個ともいわれています。結合の多様性まで考えますと、その数は一〇の後ろにゼロを一〇〇万個ほどつけた超天文学的な数値になります。それにシナプスで行われる化学変化の絶妙、多様性に目を向けますと、まさにわたしどもは宇宙のもつ最も複雑な物的対象について語っていることになります（G・M・エーデルマン著、金子隆芳訳『脳から心へ』一九頁）。

ピアノが持つ、たった八八鍵の音の組み合わせだけでも無限の変化をもつ音楽が生まれます。この天文学的数のシナプスの、複雑な化学変化を主体とする活動の無限の組み合わせによりまして、どれだけ変幻自在なドラマが発生するでありましょうか。それは想像を絶するものがあろうかと思います。脳がこれほどに特殊で複雑微妙な物質であれば、そこに発生する変化も当然現代の神経科学が予測し推測する領域を超え、例えばトランスパーソナル心理学（死後の世界や宇宙空間、母胎への回帰から前世にまで戻るイメージ体験を重視する心理学）が成立するのも決して不思議ではないと考えられます。

人間の精神運動の無限の様式を組成しているのがこのようなニューロンでありシナプスです。

ここでニューロンとシナプスの高次機能をマクロ的に観察しますとき、のちに何度も出てくる「モジュール」と呼ばれる神経細胞の機能的な単位集団の働きがとくに目につきます。そこでほんの一言だけこれに触れておきます。

モジュールとは、神経細胞群が大脳皮質表面から内部に向かって、形状機能の異なった、おおむね六層からなる円柱状に配列されている一〇〇万～二〇〇万個の神経細胞群のことです。その果たす機能が電子工学における集積微小回路に相当するはたらきに似ているところから「モジュール」と呼ばれ、神経活動の単位機構として扱われています。

三　内観記憶想起の生理学

(1)　想起文脈利用の効果

内観法の記憶想起法は、大脳皮質のしかるべき領野に広く分布している記憶痕跡というデータバンクからの情報を、母なら母から、何歳のときどのような恩・愛として受けて来たであろうかという、一定のパターンにまとめて走査検索し、大脳という物質世界から想起という自己意識の世界に引き出して来るという精神作業です。この場合、内観者個々人の体験にもとづくエピソード記憶は千差万別です。しかしその記憶の見出しを走査・検索する手段道具としての恩・愛の三項目に該当する「概念記憶」は誰にとってもほぼ共通であり、パターン化しています。内観者は、いってみれば概念記憶という捕虫網のようなパターン化した道具をもって個々の古い「恩・愛エピソード記憶」が保存されているモジュールの中に入り、持っているそのパターンに合う記憶を、これかもしれない、あれかもしれないと迷いながら捜し求め、テーマと恩・愛文脈に合わない場合には捨て、合う場合はすくい取って吟味し新しい記憶を組み立てます。

内観で想起する記憶には、情動を抑制する強い自己否定の力が伴いますから、興奮性・抑制性シナプスははげしくぶつかり合いつつ作動することになります。

このようなぶつかり合いの干渉（弱い効果が衝突して効果が強化される）メカニズムによりまして回路

の電気抵抗は低減し、記憶想起の効率は上昇し、記憶想起の信号伝達は格段に促進され、しかもそのような効果は、実験によりますと三週間以上も持続されるといいます。二〇六頁にその結果をイラストしたものがあります（伊藤正男『脳と心を考える』八五頁、一一七頁参照）。

興奮性に対する抑制性シナプスの干渉は内観が深化するに伴いまして、いよいよ活発化し、精妙化され、それによって情報伝達は幾何級数的に促進されてゆき、休止していた神経回路は限りなく開かれて行くとともに、急速に活性化するでしょう。

小脳の神経回路では身体運動作業の神経回路の疎通性にもとづく情報伝達の促進的効果が発生しますと、回路の疎通性はほぼ永久的に固定されます（体が覚えたら、一生忘れない）。例えば一輪車乗りなどの場合、小脳神経回路では、そのような神経回路の疎通性とか、身体運動記憶の固定というこのメカニズムはすでに世間一般に常識化しています。

内観の記憶想起とは人びとが常識的・観念的に恐れていたほど困難な仕事ではなく、大脳皮質で可塑性が発生するまでの期間とは、ちょうど子供達が一輪車にのってスイスイ走り始めるまでの期間とほとんど同じくらいのエネルギー消費量に過ぎないものと推定されます。

ニューロン末端のシナプスに「繰り返し刺激」をあたえますと、神経回路に「トレーシング回路」といって電気の疎通性の高い回路が形成されます。それは脳の可塑性の効果です。こうなりますと常態では容易に思い出せなかった古い記憶も連続的に湧出すようになるのです。

大脳神経のもつこうした「可塑性」の働きによりまして想起事実の鮮明度が増し、例えば自分が小学校入学の時の、母が着ていた着物のがらもその匂いすらも思い出すという臨場感にもさらされ、内観者は鮮烈な感動を体験し、それが新たな動機づけになり、さらに新たな記憶の想起が促進され、ついには内観法究極の目的である自己洞察を得るに至るのです。

(2) 記憶と情動

人間の情動の根っこのところは、生きて行くという動物的な本能的行動にともなう情動に深く根差した「いのちそのもの」であろうといわれています。そのような、よりよく生きるため、飲食するため、眠るため、生殖行動するためといった、生命の源をつかさどる神経系の中枢は、大脳の下の方で、鼻の奥の方にある小さな（約五グラム）「視床下部」という器官に存在するとされています。ここには自律神経の中枢があります。自律神経系は交感神経と副交感神経とで成り立ち、この二つは無意識のうちに内臓臓器の働きを興奮させたり抑制したりする働きがあります。例えば人に何かが起こった際、交感神経は心拍数や血圧や呼吸数を上げたりして、すぐに活動ができるように身体を整え、活動エネルギーとしてブドウ糖の放出を刺激したりして活動を高めようとします。そのような際には副交感神経の働きは抑制されます。要するに自律神経系統は、身体各機関の状況を人の意識に関係なくいち早く読み取り、交互に巧みに全身的調和を無意識下で実現しようとして働きます。

その先端にぶら下がっている視床下部よりもっと小さな（約〇・五グラムほどの）「下垂体」は、視床下部とともに内分泌器官の中枢、司令部として、そこから全身の内臓諸器官の情報をキャッチして内分泌機構の網の目をとおし、放出ホルモンとそれを抑制する抑制ホルモンを分泌し、全身の調節作用を行っています。

視床下部と下垂体は、情動の中枢としての「辺縁系」と隣り合わせ、これと太い神経線維で密接に連結されています。ですから感覚野→辺縁系を通して入ってくる自我を抑圧するさまざまなストレス刺激は、生命中枢ともいえるこの視床下部にモロに影響を与えます。ストレス刺激とか異変情報が視床下部に伝わりますと、自律神経系や内分泌系に重大な影響を与えることになります。

大脳の中ではただひとつ最高の思考機能を持つ大脳新皮質は、哺乳類に比べてたしかに格段の進化発展をとげていますが、生物発達史的には古いと考えられている大脳辺縁系が新皮質の機能に従属する局在・器官であると考えるのは、的確ではないように思われ始めています。例えば記憶情報を思考作用の際に、すぐに取り出せる状態に維持し管理しているのは「海馬」です。またわれわれが記憶想起をした結果に対しまして、主観的に満足、不満足、不快などと解釈し価値判断をするのは「扁桃核」です。

内観法で記憶想起に向かって乗り気になり、自己の想念を集中しようとして内観者のやる気に強い動機づけを与えることにつきましては、「帯状回」が深く関与しているであろうと想像されます。

これら辺縁系の海馬、扁桃核、帯状回などという局在は内観法の記憶想起という精神作業につきましても、重要な高次機能の数々の遂行に関与しているのではないかと推定されます（大村裕他『欲望・感情の脳』二〇頁、新井康允『脳のしくみ』一九九七年、八六頁参照）。

内観者が想起した概念的な知見とか新たなエピソード記憶などの記憶情報は、大脳辺縁系の海馬にも同時に伝えられます。それを受け取った記憶情報機関の総支配人のような立場にある海馬は、「ペイペッツの情動回路」と呼ばれる、総合的な神経回路の出口と入口の、評価・総合監視役として働きながら、心理要因による選別作用の加わった情動情報に加工し、これを前頭前野のモジュールへ伝える役目を果たしています（J・エックルス、D・ロビンソン共著、大村裕、山河宏、雨宮一郎訳、『心は脳を越える』紀伊国屋書店、一九八九年、二〇七頁。以下同書の引用につきましては、エックルスの次にページ数のみを記載）。

刺激の評価意味づけがあってはじめて脳のつくりだす自己意識が体に対してどんな反応を起こすべきかを認識させ決断させることができるわけですから、これらの器官・局在がいかに重要なものであるかが理解できるでしょう（中山正和『創造性の自己発見』四三頁）。

(3)　記憶の貯蔵

記憶伝達回路の可塑性が促進されますと、記憶伝達物質のシナプス受容体への結合も増大し、新しい神経回路も急速に開かれて行きます。それにつれてニューロンを流れる電気抵抗は急速に減少し、どのニューロンのどのシナプスの電気抵抗がどれだけ減少したかを知ることによりまして記憶学習成果の固定の程度が決まるといわれています。これについてエックルスは次のように述べています。

大脳皮質や辺縁系の海馬には、棘（スパイン）と呼ばれる突起を持つ無数のシナプス受容体があり（左図）、これに強い情動をともなう記憶伝達の強い興奮が高頻度に伝わると、シナプス受容体での伝達物質の結合数は増加し、急速に発芽・増殖しあるいは肥大する。そうなると情報伝達時の電気抵抗は低下し、伝達効率は増大する（エックルス、二〇七頁）。

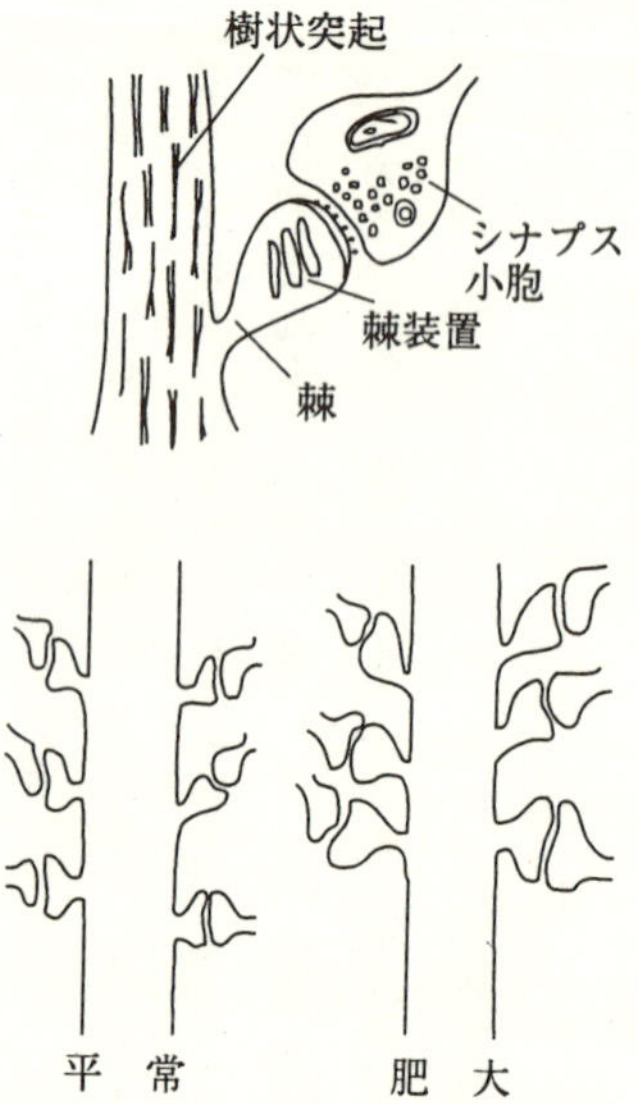

出典）エックルス他著『心は脳を超える』198頁。

シナプスの伝達効率の変化そのものの中に、シナプスの記憶蓄積能力の度合いが示されるのであろうというのが「クリックの仮説」といわれるものです（三上章允『脳はどこまでわかったか』一七〇頁）。エックルスもクリックの仮説を承認し、

記憶の固定の仕組みとは、高度に選択的なシナプスの構造的変

化が起こるためである。大脳新皮質のしかるべき領野が海馬と連絡してかたちづくる反響回路の神経連鎖網にもまた情動要因によるシナプスの増強と肥大が起こり、これによって記憶がいよいよ強固に大脳新皮質神経細胞に固定されるであろうといっています（エックルス、二一三頁）。

エックルスが述べておりますことは、シナプスの行う記憶伝達という作業と、記憶貯蔵機能とは同時に同じ場所で行われていることを示唆する、非常にたいせつな事柄です。

エックルスは、それが記憶をつかさどる主たる局在としての大脳新皮質で行われると、その反響回路としての辺縁系の海馬の棘シナプスには、数週間にわたって持続する発芽・増殖・肥大が発生することを、電子顕微鏡による観察結果にもとづいて論証し、ある場合には相当長期間にわたる構造的変化が発生する情況証拠があると述べています（エックルス、ポパー共著、大村裕・西脇与作訳『自我と脳』思索社一九八九年、五六〇頁。以下同書の引用につきましては、エックルス、ポパーの次にページ数を記します）。

内観のように一定の文脈を保持し、高頻度の記憶想起を繰り返して行きますと、シナプスに長期増強が引き起こされ、その大半が休眠している神経回路は限りなく活発な活動を始めます。

このようにして大脳神経回路の可塑性に適切に働きかけますと、人間や動物の潜在能力は容易に現れます。これが潜在能力開発の根本原理です。しかもこのような潜在能力の開発は、年齢には殆ど全く関係なく通用するといわれます。このようにしてシナプスのなかに新しい記憶貯蔵の土台が急速に作られて行くだろうとエックルスは推測しています（エックルス、二〇〇頁）。

四　抑制心の生理学的構造

エックルスと前記の共著をあらわしている哲学者カール・ポパー（一九〇二〜一九九四）は、われわれはこころ（精神運動）を扱うときには、大脳という物質の中における細胞活動との並行論を得ようとするべきだといっています（エックルス、ポパー、七一七頁）。ポパーのいう並行論は、精神運動とは脳神経細胞活動が自己意識を介して外に現れたものとして捉えようという理論です。

わたくしは一応ポパーの並行論に立ち、興奮性シナプスとそれを厚く取り巻いて抑制しようとしている抑制性シナプスの活動に焦点を当て、それらの活動がどのように精神運動に反映されるかを見ることにします。エックルスとポパーは大要次のように述べています。

モジュールの中層と深層では、興奮性シナプスの強い作用が行われており、これらのシナプスの回りを多数の抑制性シナプスが網状に、あるいはかご状にぐるりと取り巻き（その形からかご細胞とも呼ばれる）、あるものは強力にあるものは精妙できめ細かで磨きのかかった抑制作用を及ぼしている。だからすべて人の行動は、おそらく想像を絶するほどの複雑精妙さに無限に近づいて行くであろう（エックルス、ポパー、三六四〜三七〇頁）。

興奮性シナプスの周辺では幾千万、億という数の抑制性シナプスが人の意識と無意識の境界線上で、常にマイナス方向の「無」を指向しながら抑制活動をしています。例えば人が何かをしたい、やりたい、という衝動を抑えてじーっとしている（活動抑制）時には、幾千万、億という数の抑制性シナプスの電気的エネルギー（マイナスの嵐）が発生しているのです。

内観中の内観者は強く自己否定し抑制します。その時には内観者の大脳皮質モジュールの中では、幾千万、億という「かご細胞群」は、複雑精妙な活動をしています。これら抑制性シナプスの抑制力が興奮性インパルスと等しいかもしくはそれを凌駕するとき、興奮性シナプスの作用はゼロになり、意識や行動記憶の情報伝達はその回路上ではストップします（行動的無の生成）。衝動的行動をつかさどる興奮性シナプスの活動がある神経回路でストップしますと、別の神経回路が活性化され、高度に醇化された意識（有）が呼び起こされるでしょう。「こらえ性」とは単に観念的な人格形成のレベルで考えるだけでは片手落ちです。その意識下では、天文学的な数量の記憶伝達物質がモジュールの中で広範に伝達され、それが新たな記憶回路を作り、持続的に統合・固定されるのです。

人のこころの表層や行動に表出もされない、かすかな一個の行動的「無＝ゼロ」のために、複数のモジュールの中では、幾千万、億個という抑制性シナプスの総合的マイナス活動による有意な細胞エネルギーが「抑制という有」を形成しながらミクロな脳細胞の中で確実に発生し、静かにその終局目的を遂げているではありませんか。

ヘーゲルの『大論理学』の冒頭には「有は無である」と書かれています。大変有名な言葉です（武市健人訳、岩波ヘーゲル全集、上巻の一、七八頁)。般若心経には「色即是空」「空即是色」(宇宙の万物の姿は空であり実体ではない)が繰り返し述べられます。このソクラテス的なアイロニーを大脳生理学の文脈の上に置きますと、それらはともに細胞的物質世界で、プラスとマイナスエネルギーをもった記憶伝達物質が、興奮と抑制を統合しつつ活動した結果として生れる自己意識としての有でありもしくは、無なのです(池見酉次郎・弟子丸泰仙『セルフ・コントロールと禅』一九六頁)。

さらによく調べてみますと、このような大脳という物質の内と外とに跨がって存在する「有は無である」というヘーゲルの矛盾的対立・拮抗の構造は、単に新皮質のモジュールの中で行われている興奮性シナプス・抑制性シナプスの活動にかかわることがらだけに限りません。それは自律神経系の作用に見られる意識下の交感神経と副交感神経の矛盾的対立・拮抗の中にも存在します。内分泌系に見られる放出ホルモンと抑制ホルモンの、情動的・矛盾的対立の中にも存在します。

人という生命有機体は心とか魂をも含み、銀河系という大宇宙にも匹敵する脳という世界の中で、遺伝的素質体質に左右されつつ、複雑に対立するメカニズムを抱え、それを時々刻々に鍛錬し統合支配しながら、宇宙につながる大いなる調和的統合(ホメオスタシス)をめざそうとしているのです。

もし人々が抑制性シナプスの存在やその活用(抑制の心)をおろそかにし、興奮性シナプスの命じる情動のままに動かされますと、神経回路の結合部であるシナプスやシナプス受容体は次第に機能を失います。反対に抑制シナプスを頻繁に活用すればするほど、その神経回路の電気疎通性が高まり、神経回路は次つぎと回路の接続を増加し、一段と増強させられます（本書一九二頁、なおエックルス、ポパー、五三二頁）。

アルコール依存症（中毒）の治療に内観法が有効であることは、日本各地の精神病院での内観臨症で医学的に確認されています（第九章七）。これは内観法によって内観者自らが自分の抑制力（こらえ性）を増強する神経回路を開発し、それをシナプスによって神経に固定した結果であると解釈されましょう。かの、「親分男になる」というラジオ放送で有名な指宿市の橋口勇信さんは、暴力団の組長として長年南九州一円に勢力を誇っていた人でした（二六九頁）。その人が内観実習後は、ケンカと聞いただけでさっさと逃げるという強固な癖が生まれたと私に語りました。攻撃・闘争に向かおうとする粗雑な情動を抑制する新たな神経回路が内観によって生成され固定されたと解釈すべきでしょう。

五　大脳神経の可塑性

内観のように頻繁に繰り返し実行される性質の記憶想起をしますとまもなく、電気抵抗の低い「トレーシング回路」とよばれる神経回路が生じ、これによりまして神経回路が活性化するのが大きな特徴です。また自己否定性の記憶想起では、特に抑制性の神経回路が次々活性化されるだろうとも考えられています。

そのようにして脳内で活性化し可塑性をあらわすシナプスは、一面では確実に形態的変化を生じ、半永久的に固定されるだろうというのが二〇世紀末に到達した神経科学の結論です（伊藤正男編『脳と思考』紀伊国屋書店、一六九頁以下）。

大脳皮質のシナプスが記憶想起や記憶固定のための可塑性を作り上げているのは興奮性シナプスに多く見られる現象だといわれています。特に辺縁系の海馬が持つ興奮性棘シナプスには、構造的な変化が生じます。このような特質についてエックルスは特に詳細に述べています。

エックルスの次の言葉を内観記憶想起法（第四章四）に引き寄せて、じっくりとお読みください。

認知性の記憶の場合、何らかの強い感情を伴う経験が長く記憶に残ることは、私たちのよく経験するところである。最近の脳研究は、こうした記憶の「固定」が、内的経験の特別に動機づけられた「想起の反復」によってもたらされることが生理学的に裏付けられるモデルを提示できる。運動性の記憶が練習の反復によって記憶固定を強化する作用があるように、認知性の記憶にあっても、記憶を信号の形で貯える生理学的な仕組みそのものには本質的な違いはないと考えることができる（エックルス一九一～一九二頁）。

シナプスに強い刺激が連続して加わると、シナプスの反応性が変化して伝達効率の持続的な増強が起こるということも認められており、この増強はかなり長時間にわたって持続する性質のもので、記憶に関係が深いと考えられる大脳辺縁系の海馬では、数週間も続く増強効果が確かめられている。そのあり様はシナプスの永続的肥大として観察され得る[1]（エックルス、一九七頁）。

現に海馬の神経細胞の中の棘シナプスが長期増強によって肥大したのを、電子顕微鏡で観察した研究者のあることについてもエックルスは書き留めています（エックルス、一九九頁）。

もう一つ、是非知っておいていただきたいのは、次のような重要な研究成果です。

記憶想起過程で刺激が神経回路をくりかえし通過しますと、これがきっかけになりまして、シナプスの伝達効率を変化させるさまざまな代謝変化がおこり、長期的にはシナプス競合によってシナプス結合の増加が起こります。回路内のシナプスのダイナミックな変化（これは単にシナプスが増えるということだけではなく、いらない、あるいは情報を混乱させる可能性のあるシナプス結合が減るということも含めて）の結果として、最終的に回路が確定すれば、それが本当に長期に保持される記憶になるのです（伊藤正男編、前掲書一八一頁）。なお、伊藤正男氏（東大名誉教授）は、J・エックルスの高弟です。

六　心と脳神経の活動

今まで内観法原理は完全にブラックボックスの中でありました。なぜ内観法が効くのですか、という問いかけに対しましては人々は沈黙せざるをえなかったのです。

わたくしは内観法原理というブラックボックスの中のしくみの中のほんの一部分を科学的に明らかにしたつもりです。とくに本章では、

(1)　内観法で集中的に反復繰り返す記憶想起が大脳の可塑性に働き、三〜四日のうちに想念が集中を引き起こし、記憶がおのずから湧出するようになる現象の神経生理学的原理を明らかにし、

(2)　恩・愛文脈に執着した自己否定のきいた記憶想起が自制心を引き出し、やがては自己洞察に至るその神経生理学的メカニズムを明らかにし、

おおよそ当初の目的だけは遂げることができたと考えています。

しかし哲学でいいますところの精神運動と、心理学でいいますところの高尚な心の活動が同一のものかといいますと、同じであるとは決していえませんし、自覚とか自己認識の大脳神経運動の構図となりますと、それにつきましてはほとんど何らのご説明もしてはいません。現在の神経科学の下ではほとんど何らのご説明もすることができません。

内観法が生来的に発散していた仏教的雰囲気に長く親しんで来た人びとは、わたしの試みた哲学的な内観法原理は、当分の間は難解で親しみにくいというでしょう。しかし内観法が西欧的な論理でくま取られない今日のような密教的な混沌体質を保持したまま推移しますと、内観法はおそらくは自家中毒を起こし、一路衰微の坂道を転がり落ちて行く外ありません。

内観法はわたくしの申し上げて来た情動とか記憶とは異なるもっと深い心とか魂を対象とする技法です。記憶とか精神の運動のあるものは脳内の化学物質の電気的はたらきに並行して考えられる部分

があるでしょう。その反面、内観者の心や魂の動きは大脳細胞の活動が自己意識によって具現する精神を超え、もっと複雑かつ不可思議な部分に満ちています。

例えば内観の臨床的効果（第一〇章三＝家族療法）を見ますと、内観で激変した母の心が一週間後には自我力の乏しい重症の分裂病の我が子の心に伝播・浸透し、その子の分裂病が治癒します（母子間の共感の伝播・浸透と疾病の治癒）。ユングやロジャーズの臨床心理学ではそのようなことは十分ありうると平然と論じます。しかしそのような理論を大脳生理学を含めた自然科学的機序として説明しようとしますと、わたくしどもはたちまち絶望しなければなりません。

内観法原理のすべてを神経科学にむすびつけて解明するという営みは、現代の神経科学の乏しい知見だけではほとんど不可能であることを認めざるをえません。

本章以外でも、心理学的、哲学的に幾つかの内観法原理についてご説明しました。例えば、

＊　一人の自己が二人に分裂し、二人の自己が対照物という反射鏡の中で相対峙し、お互いの共感をもう一人の自己の中に輝きつつ進入させながら、完全なカウンセリングを行い自分に気づきを与える心理学的・哲学的原理（第六章六）

＊　自分にとって憎らしかった母親が聖化され、輝かしい人物として自分の前に随時顕現するようになるその心理学的原理（第六章五）

などもこれまでのご説明によりまして言葉のとおり一応、解明された筈です。

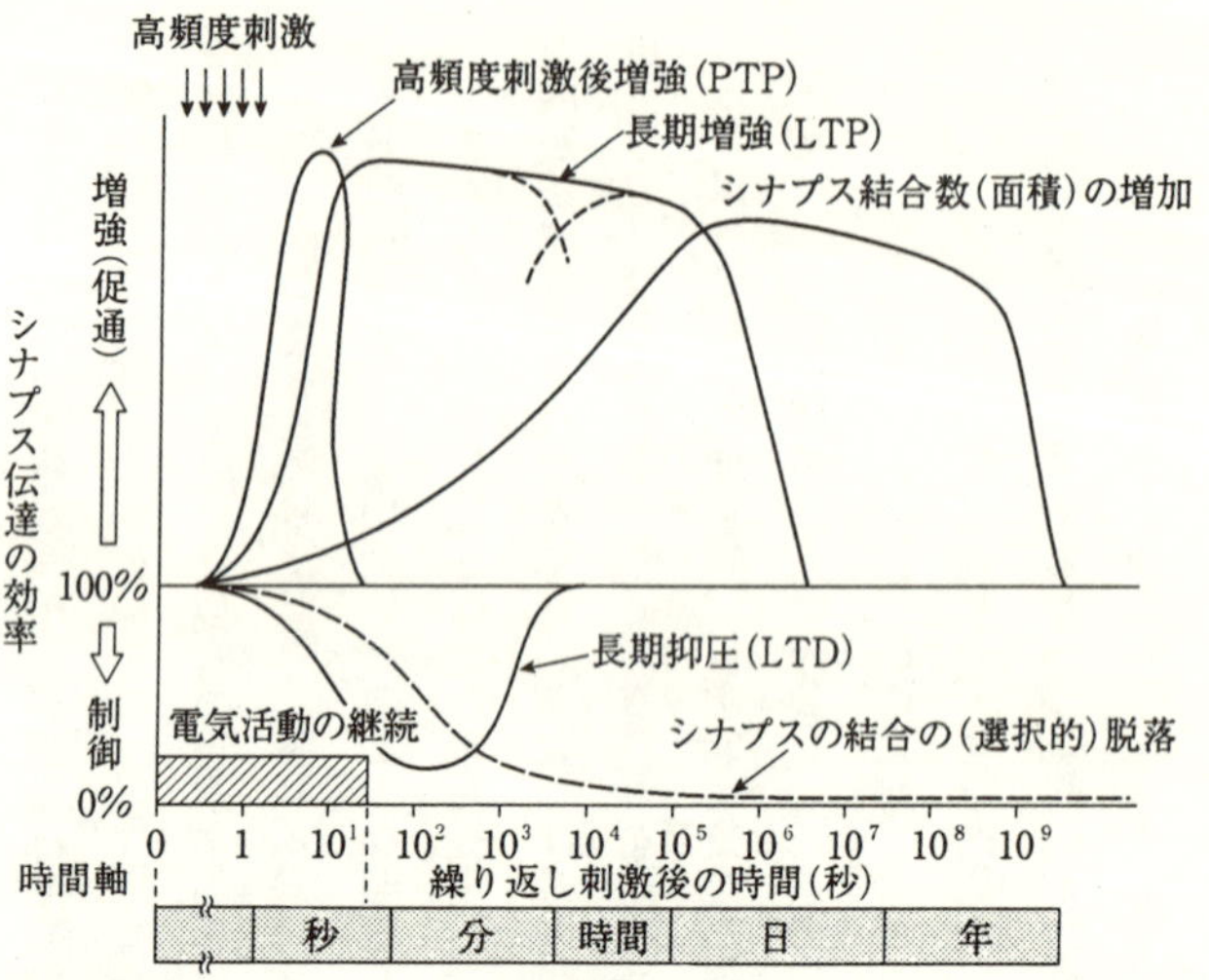

〔高頻刺激によるシナプスの長期増強と結合面積増加の状況（大日本化学会編、『脳の働らきを科学する』四三頁より）〕(注1)

現在大脳生理学の研究につきましては、生きた人間の大脳各部位に陽電子放射断層X写真法（ＰＥＴ）とか、超高速磁気共鳴画像（ＭＲＩ）を用いて脳を開かずに一定の刺激を加え、それによって脳の高次機能がどのように発動されるものであるかにつきまして、その神経科学的反応を検査することが行われています。

一九五四〜一九五八年前後、Ｗ・ペンフィールド（一八九一〜一九七六）とＬ・ロバーツは、四〇〇人もの患者の脳を開いてこれに電気刺激を与えながら逐一その精神反応などを調べました。脳のいろいろな部位を刺激して、どんな意識変化が起きたかを聞けたらどんなにか脳と意識の研究が進むだろうと考えられます。現在では生きた人の脳に磁気刺激を与え、脳を開かずに類似した実験ができるようになっているのです。ここにも大脳生理学研究法について一つの進歩が現れようとしています（立花隆『脳を究める』一五二〜一六三頁）。

（注1）　前頁の図表では僅かな高頻度刺激によって生じるシナプスの増加・増強の状況が、『秒の何乗』で表わしてある。この表示を、より分かりやすくするため、分、時間、月、年、で表わすと、左表のようになる。

秒	わかり易い表示
10^3	約6分40秒
10^4	約2時間45分
10^5	約1日と4時間
10^6	約11日半
10^7	約9カ月半
10^8	約3年2カ月
10^9	約31年半

第九章　内観の成果

一　内観効果の永続性

　これまで内観法愛好家が考えていた「内観の成果」とは、内観者が内観実習直後に語った主観的な感動や歓喜でした。その中には自己洞察とか疾病治癒という一定の永続的成果の認められるものもあったでありましょう。しかし吉本伊信や彼に続く内観愛好家たちは、それらを内観の成果としてそこまで取り込むのは安易過ぎると考えていたようです。それには二つの理由があります。

　第一の理由。内観者の大半（九九・二％）はまるでさまにならない内観だと心ひそかに思っていた吉本（一六一頁）にとりまして、瞠目するような人格変化とその永続成果を内観だけの成果と見るには越えがたい心の抵抗があり、理解納得の行かないことだったろうと考えられます。

　第二の理由。内観によって発生する幸運や疾病治癒を語りますと、それは真宗の僧侶として絶対口にしてはならない「ご利益《りやく》」を語ることです。それは真宗の僧侶吉本にとってご法度です。

今まで全国の内観研修所がやってきたのは、そんな吉本の心を受け、集中内観によって味わえた「主観的に最高にいい気分事例」だけを語り、それを心理テストで学問的に分析するのみでした。内観者たちめいめいが獲得した「有為な臨床効果」がその後も果してそのまま継続しているであろうかにつきましては、内観研修所にはそんな成果を追跡研究しようとする意志もなく、したがってまた資料も殆んど残されません。したがいまして内観者たちの人格変化の永続的成果や臨床効果は文献のうえでは闇の中でした。

永続成果や臨床効果は主として刑務所や心療内科・精神科病院によって追跡され蓄えられ、発表されました。

本章の内観成果は、内観の永続成果を主として矯正・医療の立場から検証したものです。

内観は内観者の抑圧を除いて清浄化し、自我の力を増強し、人格を変えるだけではありません。その効果はしばしば他者にまで伝播・融合・浸透し、内観者の周囲の人々にまでも好ましい影響を及ぼし、分かりやすく言いますと「空中伝播的な臨床成果」さえ示すことも稀ではありません。

そのような内観の効果が最も典型的に見られますのは、重症の精神分裂病者の母親に内観させると、その内観効果が重症分裂病者本人に伝播・融合・浸透して精神分裂病が軽快しあるいは治癒するという症例です。こうした内観法の特殊な効果につきましては、次の第一〇章でご紹介します。

内観成果が永続するメカニズムを、以下、主として大脳生理学的にまとめておきたいと思います。

一　内観効果の永続性

(1)　効果永続の一般的特徴

集中内観は約一週間で効果を現わします。しかしその効果は日常内観を怠っていますと、何カ月か後には跡形もなく消失する場合もしばしばです。その反対に、日常内観もしないのに、集中内観の効果が永続するという場合もしばしば認められます。

特に医師が指導しながら行う集中内観の効果を見ますと、ほとんどの場合において患者の抱えていた精神・身体の疾病は再発せず治癒もしくは軽快し、その状態が永続する比率が高いようです。このような状況は今日精神・身体医療界では、ほぼ常識として通用していると考えられます。

以下、そのような唯一回の集中内観で、疾病治癒・軽快といった内観効果が何ゆえに発生し永続するかにつきまして総括的にまとめておきたいと思います。

(2)　反復される記憶想起の効果

内観法は内観三項目というワンパターンな事項を高頻度に反復想起するという、単純な記憶想起法がその基本になっています。

内観者は言います。最初の三日間は古い記憶が思い出せず、ただ足がしびれて痛く、それが苦痛だった。しかし三日を過ぎるころから突然昔の記憶がどっとばかりよみがえり、感動の涙さえ出ましたと。そして内観終了後もその感動が相当期間続いたことが多くの内観体験記にとどめられています。

五頁前（二〇六頁）にある図面をご覧下さい。そこには大脳神経回路を形成しているシナプスが記憶想起等の高頻度刺激を受けることによりまして、①長期増強というカマボコ型の山なりの曲線を描いています。その長期増強は、10^6秒間、すなわち一一日余り続いています。また、②シナプス結合数の増加は10^9秒間、年で計算しますと三〇年あまり続くのです。

このような大脳神経のシナプスの長期にわたる変化の持続こそが、内観で新たに構築された新らしい記憶の固定・貯蔵の要因として考えられるわけです。

(3) 聖なる心像

内観が効くというのはどのような要素を具備する場合を指すのかにつきましては、すでに本書一二三頁でも触れています。それは多くの場合内観者が「聖なる心像」を作り出したかどうかが最大の要因として上げられます。その心像は純化を超え、聖化された心像です。

聖なる心像はひとの記憶から容易に消えません。そのイメージは巨大なエネルギーを持ち、内観者の心に、希望・感謝・法悦とともに大きな心的回転を引き起こします。

内観者が内観中に作った聖なる心像は、内観者の記憶の奥底に深く刻まれて貯蔵され、内観者が随時、随所におきまして、ものの数分間想念を集中するたびに内観者の心中に再現され、自分自身を顧みさせ、感謝にあふれた清浄な心に自分を引き戻します。これが心的回転を引き起します。

内観成果が容易に消失しないという一般的効果は以上のような大脳生理学的仕組みに因ることが強く推定されます。

二　内観効果の事例（六例）

事例一は私が関係した事例で未発表のものです。**事例二**は、昭和三〇年代に京都刑務所長だった長谷場正寿氏がある矯正関係の雑誌に発表されていたものを、簡単にまとめたものです。**事例三**以下のものにつきましては、それぞれの出典を明らかにしてあります。

［事例一　両親の内観効果が息子に転移］

約二〇年程前のことです。組関係の対立抗争事件に巻き込まれた暴力団員Mは傷害罪で起訴され、何カ月も拘置されたのち保釈されて神戸市の自宅に帰りました。帰って見れば妻はもぬけの空。家財道具すらない。暴力団に愛想が尽きたMは、こころの傷をいやすため、帰りづらさをしのんで父母の暮らしている大阪市の実家に帰ることにしました。実家に帰ったMは、やがて厳格で分からず屋の父母からガミガミいわれるだろうと覚悟し、雷が落ちるのを待っていました。しかし父母は慈愛深い眼で自分を見ているだけです。

「おやじ、おふくろ。どうかしたんか」

「内観をやってきた。内観してみて今までお前に済まないことをしてしまったと気が付いて後悔している。許してくれ」。

両親は手をついてM君にわびるのでした。M自身も今は暴力団の仕打ちに絶望し、足を洗ってもいいと思い始めていたところでした。（あの分らず屋のおやじを、ここまで変えてしまった内観とは何とすごい力を持つものだろう。おれもその内観とやらをやってみよう）。M君は早速吉本伊信を訪ねて内観しました。

M君の内観の深さに感心した吉本伊信師からわたくしに電話がありました。

「暴力団から足を洗いたいという一人の内観者がいます。面倒を見てやって下さいませんか。弁護費用はわたしが出します」。

私は神戸の裁判所に通いました。Mは執行猶予の判決を受け、大阪市の実家に帰りました。Mが所属していたのは、山口組系荒木組という、神戸に本部をもつ（当時読売新聞大阪本社を襲撃した）日本第一級の破壊力をもつ暴力団でした。私はMの家族全員を大阪市から岡山に呼び寄せ、岡山の篤志家に頼み、暴力団からの身受けの手続きをすべてすませました。その篤志家がMのために暴力団に支払った手切れ金は、二〇年前で二〇〇万円でした。Mの父母兄弟五人も岡山県に家を一軒与えられてそこに落ち着き、やがてM君はかたぎの生活に入り、好きな女性とめでたく結ばれ、盛大な結婚式も挙げ二児をもうけました。Mの母親は、その間、ずっと日常内観を続けていました。両親の、たった一週間の内観の成果が息子に転移・伝播して次々に幸せを呼び込み、一家が幸せになったというケースです。この息子は後年病死しましたが、彼の両親は息子の残した二人の孫たちと、今でも岡山県内で幸せに暮らしています。

［事例二　失語症が治癒した受刑者］

高松刑務所に収容されていた一人の受刑者Dは、ある日突然失語症になって、声が出なくなりました。それは、Dが頼りにしていた、たった一人の身内であるやさしい姉が胃ガンになり、呉市内の病院に入院したという知らせを受けてショックを受けたのが原因らしいということでした。

Dの姉は広島に住んでいましたので、高松刑務所長はDを、姉が入院している近くの広島刑務所にでも送れば、あれでもDの失語症が治るかもしれないと思い、Dを広島刑務所に送りました。

その頃広島刑務所では毎週八人づつ希望者を募って内観をやっていました。Dは内観実習をしたのですが、ものがいえないのですから、内観指導職員との対話は、すべて筆談でした。内観七日目に、Dはひょいと言葉を取り戻しました。

これはDが内観によって心情の安定を得たため、ヒステリー性状が軽快し、それから突発していた失語症も基礎が解消したため、発声可能に復したものだと思われます。

〔事例三　強迫神経症が改善〕

Gさんは一七歳、高校三年生男子。中学三年頃から数字に対してこだわりをもちはじめ、特に兄についての事柄が頭に浮かぶと、その時の行為を何回でも繰り返さないと不安な気持になるという強迫観念を伴うようになりました。左足から歩行を始めないと、何度でもやりなおしです。昭和四三年一月岡山大学医学部付属病院に入院。森田療法を経て六月から内観療法。内観六日目には、兄に対する恨みの感情が次第に転回し、僕の方が間違っていましたといい、七日目には早く兄に会いたいといって、兄に対する恩・愛の自覚が強く表現されてきました。集中内観終了後も毎日三〇分の日常内観を、約一カ月行い、その間に兄とも数回面会しましたが、強迫症状は完全に消失しました。

七月退院。退院後は現在まで二年間、一～二カ月おきに通院したり書面で生活ぶりを伝え、勉学に励んでいるということです（横山茂生、洲脇寛「内観療法が有効であった強迫神経症の一例」『季刊精神療法』金剛出版昭和五八年四月号）。

〔事例四　過食症の改善〕

Jさんは一七歳、女子高校生。中学三年のころからダイエットをし、体重が四二キログラム（=二二％）まで減り、無月経となり、高二より過食症となり、うつ状態も加わり、平成二年二月聖徒病院心療内科（主治医山本玉雄医師）に通院を始めました。春休みを利用して絶食内観療法施用。内観は一挙に深まり、母や父に対して、感謝の念が高まりをみせました。

内観後も両親に対する感謝の涙がかなり長い期間持続し、過食症は治癒し、Ｊさんは大学にも進学できたそうです（『第一八回日本内観学会大会論文集』一一～一二頁）。

［事例五　重症患者が快癒］

テンカン、低血圧症、胃炎、膵炎、腎炎、関節リウマチス、血液疾患、脊髄炎などと診断され総合病院のベッドで一〇年間も呻吟し続けた二九歳の女性。大病院の全科合同会議の結果、幽門狭窄と診断され、開腹手術を受けましたが、結果は無効でした。石田医院入院時にはこれに加えて嘔気、腹部膨隆、疝痛発作、不眠、めまい、頭痛、四肢のしびれ感があり、七年前からは四肢のけいれん発作で松葉杖をついて右下肢を引きずるようにして歩いていました。

石田医院院長の石田六郎医師は自律訓練法と催眠法を適宜加えて内観法を適用しました。

内観五日目。母に対する内観で、母に苦労ばかりかけたと慟哭。内観六日目。何年ぶりかで正常な排便。気分爽快。食欲が著しく増大。父に対する内観では、何という親不孝だったろうと号泣。

内観七日目。心身爽快。午後元気で退院。発車するバスの中央で両足をふんばり、両手を力いっぱいに振る患者の姿が印象的だったといわれます。退院直後患者は数年ぶりで月経をみました。退院一年三カ月の今日、患者は全症状から開放され、叔父の経営する会社で勤務。無欠勤。

「わたしが靴をはいて町を歩けるとは夢のようです。わたしは世界一幸福者です」彼女は石田医師にこのように書き送っています（石田六郎「内観分析療法」奥村二吉外『内観療法』一八四〜一八六頁）。

〔事例六　心因性嘔吐症が改善治癒〕

Kさんは二三歳の時結婚した三四歳の主婦。結婚して一年足らずのうちに、慰安旅行で香港に行きました。観光船に乗ったら強く揺れ、気分が悪くなり嘔吐が出ました。船から降りても嘔吐が続き、その後は二〜三日間終日嘔吐が持続し、一日おさまるという経過でした。男児を出産したときは三カ月間嘔吐はとまりました。三〇歳頃から嘔吐が終日続くようになり、この一年間に一五の病院を訪ねました。精神科にも二回入院しました。この間自殺未遂二回。そして最後に指宿竹元病院に入院。入院後も嘔吐は散発。七日間の集中内観を受け、二カ月あまりの入院を続けた後退院しました。その後一〇カ月経過しましたが、嘔吐は一度も認められず、幸せな生活を送っています（竹元隆洋「内観療法」臨床精神医学第二〇巻七号、一九九一年、一〇三三頁）。

三　内観の深化発展のプロセス

この事例は、一九八一年三月ころから、わたくしが正味約一〇カ月にわたり岡山拘置所に通って内観面接したNという一八歳、高校一年の時中退の犯罪少年（雇主夫妻の寝室に放火して二人を殺害。殺人放火幇助）の内観成果です。以下内観の深化発展に伴う内観効果（共感・感動）がどのように第三者に転移・浸透して行くかということを具体的に明らかにしてみたいと思います。

〔尊大な少年〕　放火・殺人を犯したこの少年の母親は、悲しみと苦しみに耐え切れず、そのことをある県に住んでいる祖父母に知らせました。これを知った少年は激怒し、「僕だってあんた以上に苦しんでいる。これ以上家族そろって僕の傷口に指を突っ込むような仕打ちはやめてくれ。僕は雇主から殺されない内に、先制攻撃をかけただけだ。自分に正義があった。そのことは警察でも認めてもらった。検事さんだって評価してくれている。」

〔少年の不安感〕　四月三〇日。「なぜこんなことをしたのか。夜毎に死者が枕辺に立つのです。お経も聖書も役に立たない。この先自分はどうなるのでしょう。毎日卑下して生きるのか。自分の歩く道が見えなくなりました。波多野先生、なにかいい答えを下さい。」

「波多野先生以外の人との面会を完全に遮断し、今は反省の毎日です。父さん、にがい水を飲ませるようなことをしてごめんなさい。」

〔内観の深化〕　六月二六日。少年の内観が突然変化しました。この日に祖父は、岡山からはるか離れた土地で農薬を飲んで自殺しました。N少年の内観は一気に深まりました。不思議な符合です。

「汚物を取り除いていくと、人として大事なものがどんどん出て来るようです。あっ、一つ気づいたと気づき、そして探せば探すほど汚物が出て来ます。雇主ご夫妻も、二人のご子息も、内観してみると優しい人たちでした。ママの愛情は水道の蛇口をひねると、いつでも水がほとばしりでるような、自然で優しい愛情でした。後に残された幼い二人の子たちの将来はどうなる。頭が狂いそうです。今では真っ先に人の気持ちを考えるようになりました。」

［非行の内観］　七月一〇日。少年は二週間足らずのうちに約七〇〇の非行事実の内観をしました。ママの愛情を自分の、一〇〇のウソと盗みの邪悪な心に映し、次いで三〇〇、四〇〇、五〇〇の非行調べの段階で映して見る。おぞましい自分の邪悪な心に照らしつつさらに思い直し、心に染みこませる。七〇〇の非行の一つ一つの重みがそのままママの恩・愛の重さに対比されてゆき、それが納得の深さにつながりました。非行についての内観の深さと、ママの愛情に対する内観の深さは相互に関連していることに、少年は気が付いたのです。

［母親の内観の効果］　八月二一日。「人を愛することの素晴らしさ尊さに気づきました。奈良（内観研修所）まで行って内観した母が、『私が悪かった』と、刑務所の面会室で泣きました。」

その母親はつい二カ月前は、「私は放火・殺人者の母親になってしまって食事も喉を通りません」と泣いていました。その母は自ら内観してみて、自分のせいで息子がこのようになったと気づいたのです。この母親の内観効果は直ちに少年に転移・伝播しました。

そのような母の愛情を受けている自分は決して小さなものではなかったのだと気づきました。いま、体の中が、熱いエネルギーでうんうんとうなりだしています。初めチロチロと燃えていいた感謝の炎がぱあっと燃え上がり、過去の汚物の塊は、今では美しいものとして素直に自分に目が向くようになりました。

［内観を内観する］　九月二〇日。少年は内観ノートを丹念に読み返しました。

「よみかえしてみますと、その中にはまだまだ汚い心がいっぱい残っているのがわかりました。波多野先生に見せるための内観があったのです。投げやりな内観でした。自分を自覚することがどんなに難しいことか、思い知らされました。少しでも自分にスキがあれば、邪悪な心が入って来ます。自分の心は汚れきっていました。だからママの心をいつも歪めて受け取っていました。もしママの心が汚れていたら、ママはあれほど僕に愛情をかけてくれるわけがありません。自分の心にある恨み、ねたみ、汚れ。今やっと本当の自分が見えて来ました。遅すぎました。」

［たくさんの被害者を作った自分］　一〇月二一日。「自分は二人の人の人命を奪っただけではありません。二人の子供の両親を奪って、孤児にしました。二人の成人の共犯者を重い罪に追いやりました。あれほど愛していた自分の祖父を深い悲嘆におとしいれ自殺に追いやりました。両親を死ぬほどの苦しみにあわせました。卑屈になっていたのでは、責任の大きさが分かりません。」

［判決宣告の受容］　一二月二日。「ああ恐ろしいことでした。僕は崖のふちを目隠しして歩いていたのと同じでした。人びとの優しいこころに見守られる中で、僕はとても高い塀を乗り越えてきたように思えます。やがて僕は刑務所に降りていきます。でも恐ろしいという気持ちはありません。刑に

対する恐れも、こころの乱れも、不安もありません。それは判決言渡しの時も同じことだと思います。この一年、先生（著者）はこの愚か者に『人間』ということを教えて下さいました。」

［受刑中の少年］　N少年が岩国少年刑務所に入所して三年六カ月経った一九八五年の春頃、私は岩国少年刑務所にN君の面会に行きました。岩国少年刑務所の所長は、N少年が未決の時代に内観をしたことはご存じなかったようでした。しかし「これだけ真面目に刑を務めた求道者のような受刑者には、かつて出会ったことがありません」とおっしゃり、所長応接室で少年受刑者に面会することを許されました。普通では考えられない特別待遇です。少年の姿を所長応接室でちらっと見たとき、私はどこかの牧師さんだと勘違いをして会釈しました。これを目ざとく目撃した所長は驚いた様子でした。わたしはN君の人相がすっかり変わっていたので、改めて感嘆しました。

［被害者の遺族の変容］　被害者の遺族たちは、私から送ったN少年の内観記録のコピーをいつも仏壇に供えて礼拝していると語りました。遺族の方々は、「N少年の内観記録は何ものにもかえることのできない最高の宝物です」といっていました。少年は岩国少年刑務所から仮出所の帰り、その足で岡山市東山にある被害者のお墓にお参りさせていただきました。

少年の両親は刑事裁判係属中から、被害者の遺児たちに月々僅かの金を送り続けていました。被害者の遺族は、少年が刑務所から帰って間もないころ、岡山から遠く離れた地にある少年の家を訪ね、N少年に会い、長い間の刑務所生活ご苦労でしたと労苦をねぎらい、さらに、「貴方のようなお方か

⑴　法務省の内観成果統計

内観の効果	あった	ややあった	効果なし	不　詳	合　計
刑務所（14カ所）	1991（50.1%）	1359（34.2%）	367（ 9.2%）	258（ 6.5%）	3975（100%）
少年院（6カ所）	178（44.0%）	97（24.0%）	87（21.4%）	43（10.6%）	405（100%）

［出典］奥村二吉『内観療法』p.116。

⑵　各地の刑務所の内観成果の統計

刑務所（調査期間）	内観実習の有無	出所人員	再犯者	再入率
徳島刑務所（1959.9.9～1963.9.8）	なし	2229	1340	61.0%
	あり	629	191	30.4%
鳥取刑務所（1958～1959）	なし	895	490	54.7%
	あり	243	54	22.2%
宮崎刑務所（1960.1～1961.9）	なし	813	653	80.3%
	あり	204	29	14.4%
松山刑務所（1961.5～1963.10）	なし	1005	171	17.0%
	あり	148	9	6.1%
広島刑務所（1960～1964）	なし	1717	586	33.1%
	あり	492	112	22.8%
沖縄刑務所（1961.9～1968.1）	なし			85.0%
	あり	493	106	21.5%
福岡刑務所（1973年の統計）	数年間に福岡刑務所が行った内観実習受刑者の数は2200人。そのうち、66人につての成績が、工場主任の意見として示されている。非常によい・相当よい、普通 30%、やや悪い・悪い 24%			
京都刑務所（1965年2月の調査）	この年の調査によると、この当時の内観終了受刑者は386人。うち出所者実人員267名。1961年以降の出所者中内観経験者で再入者160名。当時は懲罰を受けている者に対してしばしば内観を実習させた。懲罰を受けた内観者の再入率は40%。懲罰に関係なく内観した者の再入率30%。相当の差がある。			

［出典］徳島刑務所：機関誌うずしお163号、奥村二吉『内観療法』p.115，鳥取刑務所：機関誌白塔114号，宮崎刑務所：内観1号，松山刑務所：四国矯正18集,広島刑務所：内観の道，沖縄刑務所：1969.9.17 同刑務所長の講演録，武田良二「内観法」佐藤幸治編『禅的療法・内観法』p.219，福岡刑務所：玄海202号，p.5～39，京都刑務所：山志な1965年10月号。

らこれ以上、お金を頂くのはもったいない」といって丁寧にそれ以上の送金を断ったのでした。被害者やその子供達から受けた恩顧・愛情に対する、少年の深い共感は遺族の心を打ちました。その共感はさらに被害者の霊にまで転移・浸透したのです。放火・殺人者の両親が、早い時期から被害者の墓前、霊前にお参りできるということは、世間一般では、極めて稀なことです。まして殺人者の家族が遺児たちに育英資金を送ることが許されるというのは、常識では考えられないことです。

［少年の更生］　N少年は少年刑務所を出所した後、C社に就職し、そこで知り合った女性と結婚して一子をもうけ、その後立派な社会人として平穏な生活を営んでいます。仮出所から一三年が過ぎました。内観当時一八歳であった少年は、三六歳になっています。

四　受刑者、少年院生の内観成果追跡調査（二、二〇九例）

これから述べますところのものは、内観効果を一般的、集合的、追跡的に調べたものです。各地の刑務所の作った統計表で「再犯」というのは、再び刑務所に入ったものをいいます。専門用語では「再入」ともいいます。

前頁の矯正関係の統計表について二、三コメントをしておきたいと思います。

(1)　各刑務所の統計表を見ますと、追跡した期間が区々に分れています。できるだけ内観、非内観対象群のサンプルの多いものや追跡期間の長いものがよりよい統計とされることは申すまでもありません。

(2)　その意味では徳島刑務所（再犯者だけを収容する刑務所）の統計は素晴らしいものです。追跡期間がちょうど四年間であり内観群の再犯率は、非内観群の再犯率六一％の、ほぼ半分の三〇・四％となっています。この数字は世界の矯正統計に残した驚異的な金字塔だといわなくてはなりません。

(3)　次に法務省統計では内観を実践してその結果、何らかの効果があったと認められた者は、合計して二、一六九人に及んでいます。また刑務所統計で、再犯しなかったものの人数は、合計一、三二一人に達しています。それぞれの追跡期間の基盤に差異こそありますが、これだけの犯罪者がとにもかくにも再犯を免れているということは素晴らしいことです。

五　心身症の治療成果（四九一例）

(1)　石田六郎医師の扱った一〇二症例

福島県須賀川市で心療内科医院を経営していた石田六郎医師（今は故人）は、一九六五年に自己の経営する医院で扱った患者に一週間の内観法を適用し、その成果を発表しました。

発表された症例数一〇九。うち、内観を中断したもの二例と健康な会社員等が内観研究、修養のため実習したもの合計七例を除く一〇二症例中、著しい効果のあったもの八二例、軽快したもの七例で、治癒率は約九〇%に及びました。内観が全く無効だったのは、分裂症とテンカンの全部の六例、心身症、抑うつ反応各二例、境界状態一例でした。

①　内観を適用した心身症の総数は、四一症例。

そのおもな症状の内訳。更年期症状（めまい、肩凝り、胃炎）、低血圧、一〇年来の頭痛、背痛、不安、三年来の歩行障害、腰部脱力感、心気症状、腰痛、歩行障害、めまい、眼瞼下垂、皮膚炎、排尿障害、全身倦怠、関節痛、脊椎症、下肢しびれ、自律神経不安状態、のぼせ、離人症、鞭打ち症、膀胱炎、排尿痛、三叉神経痛、三年来の痙攣発作、頸椎捻挫、神経症、慢性胃炎、不眠、

②　内観法を適用した、心身症以外の疾病とその数（括弧内）

不安神経症（一九）、抑うつ反応（一八）、強迫神経症（六）、ヒステリー（五）、限界状態（四）。分裂症（四）、躁うつ病（三）、てんかん（二）、自律神経発作（一）、非行（一）、薬物中毒（一）、放浪癖（一）、（石田六郎「内観法の医学臨床」『禅的療法・内観法』二四五頁）。

(2)　東北大学医学部心療内科で扱われた六一症例（一九八四年度の成果報告によるもの）

この内観療法の基礎には「東北大学方式絶食療法」という、確立された一クール一五日間の絶食療法が基礎になっています。

内観療法はその絶食期第五日目から施用され、第一〇日目に絶食期が終了し、以後一一日目から

一五日目まで復食期が始まりますが、内観療法は復食期の第二日まで続きます。ですから内観療法は、前後連続八日間行われることになります。

この報告書はこの次にご紹介いたしますものに比べますと、症例数は六一件と比較的少ない数です。しかしこの報告書は東北大学心療内科で内観併用絶食療法が開始された当初の、一九八一年四月から一九八三年三月までの、実質二年間の報告書として、詳細かつ貴重なものです。

① 対象となった疾患

消化器系、循環器系、呼吸器系をはじめとする各心身症、神経症、鬱病、

② 退院時の状況

著効	三七・三%
有効	四五・八%
合計	七六・七%

③ 長期の予後　（退院後六カ月以上のもののアンケート）

身体状況が改善された	七六・五%
心理状況が改善された	九一・二%
家庭内の状況が改善された	八二・四%
社会への適応があった	六一・八%

④　症状の改善と、内観の深さとの関係では、内観の浅かった患者に著効例が少なく、反対に深い群ほど有効だったとされています。退院後の家庭内での適応状況についても、内観の深浅と因果関係があるとされています。

⑤　疾病別の奏効率

心身症、神経症、反応性鬱病群　有効・著効　八八・五％

心気症、精神分裂病群等　有効・著効　二五・〇％

（杉田敬、桃井寛和、中村一文、田口文人、鈴木仁一「絶食内観併用療法の治療構造と、治療成績」竹元隆洋編著『現代のエスプリ』二〇二号、一九八四年。そのほか、『第五回内観学会論文集』一九八三年）

東北大学心療内科における内観療法の治療成果の統計のとり方についての特異性について、ここでコメントをしておきたいと思います。

その第一は、患者が退院した六カ月以上経った後の病状快癒状況観察がなされていること。

その第二は、患者の退院後、家庭内での患者の適応状況にまで調査が及んでいること。

心身症は何らかの精神的不適応から発症することが考えられ、内科的所見では身体、臓器の局所に悪いところがなくて、しかも患者はひどく苦しんでいることがしばしば認められます。患者の共感効果が家族に伝播・浸透したかどうかの調査は、任意的、趣味的なものではない、という点にご注目頂きたいと思います。

⑶　一九九五年度の成果報告

東北大学医学部心療内科は、その後さらに内観法併用の絶食療法を施用した心身症患者三二八例について、一九九五年七月、鈴木仁一氏の監修でその成果を公表しました。

その報告書によりますと、全症例中、一二％しか再発事例はなかったとのことです（治癒率八八％）。

系統別の自覚症状に対する治癒効果率をみますと、

①　心身症にあっては、泌尿器一〇〇％、消化管九六％、循環器九六％、自律神経九六％、代謝九六％、呼吸器七六％、筋肉神経七五％、

②　精神疾患にあっては、反応性うつ状態八六％、神経症八二％、

絶食療法に内観を併用すると著効例が多くなり治療抵抗例が激減するのが特徴的であるといわれています（鈴木仁一「内観併用絶食療法の手技とその効果」日本絶食療法学会編、五一頁）。

六　精神分裂病に対する内観療法（二例）

精神分裂病につきましては一般的には多くの場合、家族療法によって対処しています。しかし内観療法の一隅では、最近に至って次のように患者本人に対する直接的な取り組みも行われています。

札幌太田病院では平成六年には二五三名の入院患者に内観を施行しました。うちアルコール症患者は一二九名であり、精神分裂病は四〇名でありました。同病院ではかなり重症の精神分裂病患者に対

しても内観適応と診断した患者については積極的に内観法を適用して一定の成果を挙げています。どのような症例を内観適応と認めているかといいますと、

①　向精神薬が奏功し、幻覚妄想が消失しているが、院内生活への適応不良の者、
②　一定の心理療法の学習会に参加したが、院内生活への適応のよくない者、
③　内観療法後も無為、自閉、攻撃性という問題行動が残っているとか、自発性の乏しい者、
④　父母とか家族にたいして恨みなどをもつ者、対人不安の強い者、
⑤　発病前から性格障害があるもの、
⑥　学生などの若い症例で、短期間に奏効が見込まれる者、

などが、該当するとしています。そして無為、自閉、引きこもり、対人不信などの症状にも有効であるという従来からの感触を最近では一層強め、より積極的に内観法を実施するようになったといいます（太田耕平「病院での内観」やすらぎ四四号、一九九七年七月『第一八回日本内観学会報』一九九五年）。

同院での内観療法で改善治癒した症例の中から二つの症例を上げておきます。

［第一の症例］

四五歳の男子。一九六九年、一九歳のころから独語、空笑、滅裂思考など、明らかな精神分裂症。何度も入退院を繰り返し、当院には一九七七年に初めて入院その後二〇年間に一〇回入院歴がある。

当時特に目立っていたのは、多弁、多動、多訴などの躁うつ気分変調と他罰的性格変調だった。医療者は困り果て、一九九五年春、二〜三カ月かけて内観導入を納得させた。

同年五月から一〇月下旬ころまでの五カ月間の内観経過の大要。

祖母から結核をうつされ、母が看病してくれた。映画に行きたいとだだをこねた。退院してもパチンコをしてばかりで働かず迷惑をかけた。中学三年の時たばこを吸い、父が警察に呼ばれて調書をとられた。わたしの入院のため父、母、弟の人生を変え迷惑をかけた。二七歳でこの病院に入院後は三食食べさせてもらい看護婦さんに暴言を吐き、他の患者に暴力を振って迷惑をかけた。

内観終了直後のレポート。家族に多大の迷惑をかけた。もうギャンブルはやらない。家族に甘え依存し、精神的な成長ができていないことに気づいた。兄にも弟にも感謝しています。

内観終了後の表情態度の変化。表情まなざしが柔和になり、態度言動も穏やかになった。職員や他の患者に対してもやさしく素直になり、看護者への攻撃的態度がなくなり、医師に対しても「三度のご飯をたべさせてもらって」と感謝の言葉が出て来るようになった。

一一月はじめ円満に退院。その八日後に、不眠、いらいらを訴えて入院。少し抑うつ的。しかし将来への冷静な展望を謙虚に礼儀正しく語り、本人の良い面が出ていた。翌一九九六年三月退院。高齢者を支援するボランティアをやりたいといっている（太田耕平「精神分裂病者の集中内観療法の有効性」『第一九回日本内観学会大会論文集』一九九六年、八頁）。

［第二の症例］

男子中学二年生。主訴は六カ月の不登校、幻聴、被害妄想による異常行動。父の転勤に伴って四回の転校。学校では「トイレをのぞかれた」という妄想をもつようになって不登校が始まる。自室にこもって放尿し妄想の不安から包丁をもつ状態になり入院。

入院後薬物療法によって幻覚妄想は軽減したものの、無為、自閉、拒否傾向が強く、このままでは長期化するおそれが見込まれるようになり、入院三四日で内観に導入。ただし内観では自責感を深めないよう、ことさら「迷惑テーマ」を除外して受容的に慎重に導入した。

ここのところに普通の内観とは違う、医師としての工夫が認められるでしょう。

内観療法中は、幻覚妄想の影響はなく、終了後は素直さや明るさや、両親との信頼関係を回復し、外泊を四回、集団療法や運動療法に積極的に参加するようになり、入院八四日で退院。中学校を無事卒業し、北海道道立高校に進学してクラブ活動にも適応しているということです（太田耕平、前記『第一八回日本内観学会大会論文集』一九九五年）。

七　アルコール症の治療成果（三四二例）

アルコール症患者の治療に内観法を適用する試みは、一九六七年ころ岡山大学医学部付属病院で実施され始め、次第に日本各地の精神病院に広がりました。

鹿児島県指宿市にある指宿竹元病院がアルコール症患者の治療について内観法を採り入れたのは一九七五年九月とされています。そして同病院が内観法の予後について追跡調査をし、その断酒率を発表したものには、次のように二種類のものがあります。一つは一九七九年に発表された二〇三症例についてのものであり、もう一つは一九九五年に発表された一〇六症例についてのものです。

(1)　指宿竹元病院の扱った二〇三症例についての断酒率

指宿竹元病院で、アルコール症について内観法が適用された患者のうち、一九七二年七月～一九七八年二月までの約六年たらずの間に退院したアルコール症患者のうち、内観法を適用されたものについて、一九七九年に発表した断酒率は次のとおりです（第二回日本内観学会大会、一九七九年）。

六カ月以上のもの	一〇四人中	五五人	七二・八％
一年以上のもの	七〇人中	三四人	四八・六％
これに対して非内観群	二四人中	七人	二四・一％

(2)　指宿竹元病院の扱った一〇六症例についての断酒率

一九八三年二月から一九八四年五月までに同病院を退院した、アルコール依存症患者一四六名について、一九八五年四月時点（退院後一年以上二年三カ月経過後）において予後調査を行いました。調査の結果、予後が判明したのは一〇六名で、うち断酒者四二名。飲酒者五七名、死亡者七名で、死亡者を除いて断酒率をみますと、四二・四%でした。

この種症例の断酒率予後調査結果は、従来おおむね二〇%程度とされていました。したがって内観療法によるアルコール依存症の断酒成果がかなり高率良好であることがわかります（竹元隆洋「アルコール依存症に対する内観療法」内観研究 Vol.1 No.1、一九九五年）。

(3) 福井県立病院の扱った三三症例

福井県立病院では一九八五年から、草野亮院長自ら各種の精神神経障害の患者について自ら内観法を適用しています。この病院の場合、指宿竹元病院と違って公立の病院であるため、内観療法のため看護婦が活用できず、勤務時間も八時間と制限されるため、ここでの内観は、毎週一回（火曜日）、一日八・五時間（ただし面接は八回）とされ、一クールはおおむね四回（約一カ月かかる）とされています。その間に、適宜一日一時間の日常内観が採り入れられています。

一九八五年二月〜一九八六年一二月までに同病院に入院したアルコール症患者のうち、そのような、かなり変則的な内観療法適用を受けた三三人のアルコール症患者について、一九八七年当初ころ行なった追跡調査結果は次のとおりです（『第一〇回日本内観学会大会報告』一九八七年）。

この間飲酒のないもの　一三人　断酒率三九・三%

八　鳥取大学の内観臨床（二五例）

(1)　神経症に対する内観効果（一五臨床例）

鳥取大学医学部神経精神科と米子内観研修所は協力し、平成二年一〇月から同四年四月までの、約一年七カ月の間に同神経精神科を受診した患者で薬物療法や簡易精神療法では十分な効果の上がらなかった次のような一五名の神経症圏内の患者に内観法を適用しました。

その内訳は、不安神経症四名、対人恐怖症と抑うつ神経症各三名ずつ、心気神経症と脅迫神経症二名ずつ、ヒステリー反応一名でした。その人たちの罹病期間は、一〜一〇年。平均罹病期間は三・一±二・六年でした。

内観療法施行後二〜一九カ月追跡して観察した結果、一二名には著明な効果があり、二名は症状の軽度改善と社会適応が認められ（以上の治療率九〇％）、残り一名は社会適応はなかったものの、家族との関係改善が認められたということです。

この症例報告では、内観の深さと治療効果との関係について言及しているのが一つの特色といえます。例えば五三歳の不安神経症の女性は内観は深かったのに著明な効果は見られなかったといいます。また四二歳の抑うつ神経症の主婦の場合には著明な効果が見られたのに、言語化能力が乏しく描写が拙劣であったために、面接者がつい浅い内観だと印象を受けたらしいと指摘しています。

この成果は石田六郎医師や、東北大学付属病院診療内科の報告例（二三四〜二三八頁）とほぼ同率の治癒率を示しています（川原隆造外、第一五回日本内観学会大会論文集、一九九二年一〇六頁）。

(2) うつ病に対する内観効果（一〇臨床例）

内観療法が国立大学付属病院の精神科で本格的に適用されるようになりましたのは一九六七年ですが、それ以前にも福島県須賀川市の石田六郎医師が内観法によって躁うつ病を治癒させて成果をあげています（二二五頁）。しかし最近までうつ病は内観療法につきましては、唯一の禁忌病態として扱われてきました。その理由として考えられますことは、内観法による治療の過程では精神の自己否定のための強靭な自我力も必要ですし、内観法が自然に生み出す罪業感情の強調が、うつ病に特有の病的な自責感・罪業感を増幅し易く、却って患者をペシミステックにし、病状悪化をもたらすだろうという懸念があったことにもとづくものです。

鳥取大学付属病院では、一九九五年から、入院中のうつ病やうつ状態にある患者にも慎重に内観療法を適用するようになりました。内観の適用を受けるうつ症状の患者とは、十分な薬物治療を行いましても心理的・社会的要因などをもっているために、うつ状態が遷延している者です。その場合、内観にともなう罪責体験とうつ病患者にありがちな病理的罪業感を厳格に区別し、この類似性が相乗的に病状悪化につながらないよう、細心の注意を払っていることは申すまでもありません。

鳥取大学では、うつ状態にある症例に対しましては、内観適用は正味一週間ですが、その前後に、精緻な各種心理検査を、入念に行っていますので、入院期間はおおむね三週間を要するとしています。

一九九八年、鳥取大学は一〇個々の症例について詳細な報告をしました。男子九名、女子一名で、臨床診断は、遷延性うつ病五名、遷延性うつ状態三名、躁うつ病一名、気分変調症一名となっており、その年齢区分は、二二歳から五〇歳までとなっています。

この一〇名について内観を適用した結果は、六名が復職などの社会適応が可能になり（著効）、三名は症状の軽度改善と社会適応の軽度改善が認められ（有効）、残りの一名にありましては、対人関係の改善効果が認められた（やや有効）ということです（川原隆造編『内観療法の臨床』一九九八年、新興医学出版社刊、一二四〜一三二頁）。

九　内観の心理テスト結果

内観成果を科学的・客観的に捉えようとして過去実に多くの心理テストが繰り返されました。それらは内観者の内観直後の変化を唯一回で微視的に見ようとする専門家的検査です。その際のサンプル数はほんの僅かです。あまつさえトン、キログラムで計測するべき巌、庭石のような内観による人格激変成果をグラムで計る砂つぶ用の心理テストを使ったものが多いのに驚きます。また検査者の立場によって成果があるのかどうか判断に苦しむものが殆んどだったともいえます。

「内観が効く」という場合、心身症、アルコール症、精神分裂病、それに犯罪的性格が治るだけではありません。人の意識下に閉じこめられていた、残酷無情性、爆発性、狂信性や無気力のほか「不安」といった意識・無意識の境界領域にある「人間性それ自体」の問題性すらしばしば消失し、慢性病が一気に治癒し人格が激変するところまでが内観の成果に含まれます。

例えば本書冒頭のB君は一七歳の時、公園にいたアベックの男性を縛り上げ、彼の目の前で恋人を強姦しています（三頁）。このような残酷無情なB君の人格に激変が起こったのです。その間接的証拠は本書の五、六八〜六九、一五四〜一五七頁に出ています。残念なことにB君の人格の激変を科学的に一発で証明する心理テストがなされていません。B君のような内観受刑者が仮出所する前に、もし刑務所が二〜三次にわたって、例えばSCT検査（文章完成検査法）を使って入念なテストをしていたなら、B君が刑務所内でどういう人間に変容したかは誰にでも一目でわかるはずです。

内観少年のSCT検査法に意義を認めているある少年院長は、私のこの話しを聞き終わるや否やこういいました。

先日一人の内観少年が誰もがいやがる作業なのに、「ふろ掃除をさせてもらった」と日記に書いていました。何げないこの内観少年の一言は、大きな感動を巻き起こしました。少年の内観は教官のやる気まで高めます。

もしそのようなたった一二文字の日記文だけでも仮退院時の少年の人格証拠として保護観察所に通

知されますならば、少年釈放後の社会内処遇の予後は一気に透明になるでしょう。ＳＣＴそのものでなくても、たとえば、「生活をさせていただいている」、「働かせていただいている」、というような言葉の変化だけで、その少年の人柄は如実に伝わるからです。

「社会を明るくする運動」の担い手である一般国民も、内観した少年の一二文字に感動し、たちまち熱くなってその少年に物心両面の援助を惜しまず与えるでしょう。

今日、人格の激変を簡明に証明できるＳＣＴのような心理テストがありますのに、そのテストが教育や非行少年の保護、矯正の実務に活かされていないのは残念なことです。

内観心理テストの中にはこの外に優れた専門的なものもあります。それらのすべてをまんべんなくご紹介することはできませんので、本書では鳥取大学川原隆造教授が発表された内観心理テストのうちから三点だけを摘記し、それに特に古い時代のＭＡＳ検査（不安検査）を付加いたします。

(1)　Ｙ―Ｇ性格検査　　内観後情緒的に安定し、社会的に適応できるようになったといえます。また内観後抑うつ性が減少し、内観後悲観的、自責的になるのではないかといった心配が無用であることを示しています（『内観療法』一九九六年、三三頁）。

(2)　Ｐ―Ｆスタディ　　内観後他人に対する攻撃性が減少し、人間性や自律性を回復する心理的変化を示します（同書三八頁）。

(3)　エゴグラム　　欲求不満や劣等感を克服する程の自我の強化があらわれ、自我の強化で内観者が自己同一性を確立することが推定されます（同書三九頁）。

(4) MAS検査　二三歳未婚女性。結婚を前にして自己嫌悪に陥り、神経症気味でしきりに不安を訴えました。このケースでは内観開始の直前と内観実習の五カ月後にMAS不安検査[1]がされました。その対比を通して内観前の不安がどのように改善され、その改善が維持されているかを見ようとしたものです。

私が、四半世紀以上も前に行われましたこんな古い心理検査を特にここに持ち出しましたのは、今後の心理テストのあり方を願う意味があってのことです。この検査者（現在大阪大学臨床心理学教授）の、追跡的味わいのある調査への着眼は、今までのところでは明けの明星のように輝いていると思います。

MAS検査の内観前後の比較

不安項目	内観前	内観五カ月後
何か困ったことが起こりはしないかと心配	○	×
夜、心配のために時々眠れない	○	×
いつでも何かの心配をしていることが多い	○	？

自分がもうだめになるのではないかと時々感じる　○　×
生きて行くことがとてもつらいと思うことがよくある　○　×
自分をとりえのない人間だと時々思う　○　×
自分というものに全然自信がもてない　○　×
実際には問題にならないことについて心配することがある　○　×
何でも物事をむずかしく考える　○　×

(○＝はい、×＝いいえ、？＝どちらともいえない)

(三木善彦「ＭＡＳによる事例研究」奥村二吉外『内観療法』一九七二年、一四三〜一五〇頁)

(1)　ノースウエスタン大学の心理学者Ｊ・テイラー女史は、五人の臨床心理学者の協力をえて、慢性不安の特徴を示す六五項目の質問票を作り、最後に五〇項目にした。この検査法はＭＡＳ不安検査法として一九五三年に発表された。以後不安を診断する有名なテストとして広く活用されるようになった(安田一郎『感情の心理学』青土社、二六八頁)。

第一〇章　内観の家族療法

一　内観家族療法の多面性

約半世紀近く前、精神修養法として生まれ、程なく刑務所・少年院で大きく育った内観法は、今日とくに神経精神病院で、重篤な精神障害者といわれる精神分裂病、アルコール症とともに、登校拒否、家庭内暴力、食行動異常という若年層に多発する新しい病態の精神心理的治療面で、原法になかった独自の創造性を付加しつつ日々大きな効果を発揮しています。

分裂病の患者に内観療法が大胆に採用されるようになり、何年も何十年も精神病院漬になっていた患者たちにも新しい風が吹き始めました。この世界では「ブリーフ・サイコセラピー」（短期精神療法）という新しい医学用語さえしきりに聞かれるようになって来ました。

一九九八年六月札幌市で第一三回北海道内観懇話会（会長太田耕平）が開催されましたが、わたくしはその会合におきまして、各種の問題をかかえる登校拒否生徒に対するカウンセリング的対応では何カ月もかかっている中で、札幌太田病院ではこの種の患者を、家族を巻き込んだ内観療法によってせいぜい二週間で再登校させることに成功しているという事実について発表しました。

その直前の一九九八年五月に米子市で行われました第二一回日本内観学会大会では、大会長である鳥取大学医学部神経精神科教授の川原隆造氏は「ブリーフ・サイコセラピーとしての内観療法」という演題で報告しました（『同大会論文集』一三頁）。

かつて東北大学医学部付属病院心療内科では、心身症の患者に内観併用絶食療法を大胆に適用し、軽快治癒してゆく患者の予後を確保するために、穏やかな雰囲気の中で患者を家族にお引渡しするという配慮が講じられました（第九章五(2)）。

精神病院で実施されておりますところの内観療法一般を眺めてみますと、至るところで東北大学心療内科が行った以上に、患者の社会復帰のためのより手厚い配慮が講じられています。

精神病院で発達させられ改良された今日の内観療法の特性を一口で表現しますと、それは「家族療法としての内観」（川原隆造『内観療法』五頁）ということになるかと思います。

内観の家族療法といいます場合には、大体におきまして三つの類型が観察されます。

第一の類型は、重症の精神分裂病患者につきましてその家族である母親を集中内観させたうえ、患者と一週間同室で暮らさせることによりまして患者の病気を治し、その上に患者・家族の相互理解を確立して良好な予後を確保しようとするものです（三）。

第二の類型は、患者と家族の双方を同時平行し、または相前後して集中内観させることによりまして強固な予後を確立しようとするものです(四)。

第三の類型は、患者の集中内観終了後に両親を病院に呼び寄せ、親子三人で感動的な、ボディーワークを主とした患者・家族の相互理解の場を作り、それによって内観効果の永続化を確保しようとするものです(五、六)。第三の類型は札幌太田病院で約八年前に創始されました。

以下これらの家族療法の意義と実際につきまして順次ご説明します。

二　内観の家族療法の意義

内観の家族療法が医療者の側から最も真剣に求められていますのは、おそらく重症精神障害者の治療についてであろうと考えられます。

精神障害的な異常には必ずしも内包されるものではありませんが、今日的な社会病理的現象であり、人びとからその解決・治療が熱望されているものの代表が登校拒否とか家庭内暴力とか若年女性に多発する食行動異常だといえるかも知れません。

精神分裂病の家族内観法に関しまして以下申し上げますところの基本的な理論は、登校拒否や摂食障害につきましての家族内観法にも、そのままで、あるいはほんの少しの修正を加えたうえで当てはまるように思われます。

精神障害者を相手とする治療者たちは、その出会いの初期から、パニック状態にある家族、失意にある家族、お互いを非難し合う家族、疲労しきった家族、逃げ腰の家族、平静さを必死に保とうとする家族、やたらに治療者側に敵意を向ける家族、治療者めぐりを次々してきた家族、患者が家庭に帰るとすぐその精神状態を不安定にしてしまう家族、社会的な体面にひどく敏感なＶＩＰ家族など、さまざまに歪んだ家族と対面しなければなりません（中村伸一『家族療法の視点』七五頁）。

分裂病患者に特有の極端な攻撃的態度によりまして治療者たちはしばしば意志疎通が分断され、治療放棄又は強制退院を命じるなどの極限的な立場に立たされます。患者の家族にとりましても医師に見放されるような患者を家に引きとる自信が生まれるわけもありません。このように患者に振り回されて失意、不安の極限状態に追いつめられ、地獄を見ている家族にとりましては、最後に残された医療手段としての「内観の家族療法」への動機づけの条件は最高に好ましい状態として整っているといえるかも知れません。なぜならば、そのような人間の極限状態が皮肉にも患者の家族の内観療法への最適な動機づけとなるでありましょうことは、第六章七（共感と出会う契機）ですでに詳細に述べているとおりだからです。

このように治療に関わる三者のすべてが極限状態に直面し、治療が膠着状態にある重度精神障害者の治療につきまして、我が国で初めて内観の家族療法の適用を決断し実行しましたのは、このすぐ後自らの症例二例を提供している大津市滋賀里病院長栗本藤基医師です。同氏は内観家族療法の意義につきまして大要次のように述べています（『第四回日本内観学会大会論文集』一九八一年、一六頁）。

分裂病は往時は患者本人だけの問題でした。今日の医療者はそのような分裂病観から徹底して脱却する機会を探りつつあるといっていいでしょう。分裂的態度をとっているのは患者本人だけではありません。患者に振り回されている医療者もまた同じです。そのような相手と自分との関係性の中には「ズレ」があります。このズレをよく観察してみますと、患者をそのような異常に追い込んでいる原因・要素の中には、患者以外の関係者が作り出したものが見えて来ます。

① 家族としての母たちとその子の関係の中にみられますところのズレは、母たちが子に接近し同一化しようとする意図にそぐわないまま拡大再生産させたズレです。

② 強い立場にある医師は弱い立場にある患者に対して加害者的立場に立ってズレを作っています。強者である医師はこれに気づかない場合が多いとされています。

患者はこのような二重の不幸の下におかれているのですから、ますます逃げ場を失って行くでありましょう。患者は自分を取り囲んでいる周囲の人びとに対しまして「人間の検証」を迫っているのではないだろうかと栗本氏はいいます。

右のような分裂病の治療概念図を踏まえた上、栗本氏は家族療法としての内観法による重症分裂病の治癒機序につきまして次のように述べています。

二　内観家族療法の意義

内観法はその実習者のもつたくましい防衛意識を除去する優れた心理療法です。内観法によって一切の防衛意識を放擲し一切の虚勢を放下した患者の母は、それまでいつも身構えて事を処して来たかつてのあやまちを心から詫びるという正直で素直な態度で患者の正面に立ちます。そして患者と優しい心的交流を通じて真の愛情を注ぐことのできる力を得ます。

患者の母はまず一週間の集中内観を済ませます。そのうえで精神障害者である我が子と病院の一室で生活を共にするのです。母と子が数日暮らすだけでその子は母親の優しい愛を拒むことなく受け得る人に変わるのです。幼児期のころから自己防衛意識（自尊心）が異常に肥大し、その一方では切実に拠りどころを求めていたであろう患者のこころに真の母性愛が、何の差し障りもなく十全に注ぎ込まれ得るように母親自身が変化するのです。

自己をふりかえる自我能力があるのかないのか、その決定的な素因が定かではないほどに重い精神分裂病者が、内観によって優しさを身につけたその家族（母親）と同室で数日過ごすというだけの極めてかすかな心的交流で患者は、他を思いやり自己を深く振り返ることのできるという、まさに人間にとって最も根源的な自我力を、他者の内観によってみずから生み出す人へと変わるのです。内観後の母親に対面した患者は、他者であるその母親と好ましい人間関係のキャッチボールをする可能性を自ら開き、本人の過剰な心的緊張がほぐれるのにつれまして、そのほぐれが患者のもつ幻聴、妄想、独語、徘徊などの異常性を消失させます。内観の家族療法による精神症状の改善効果は、このような機序によって実現されると栗本氏は語っています。

栗本医師のいうような治癒機序論は、医療以外の問題ある家族の領域での内観法一般の奏功機序としても、分裂病で抑圧され、見えなくなっていた自我力の蘇生と強化という点を除けばそのまま通用するでしょう。例えば私が扱った刑事弁護事件の第九章**二**の**第一事例**（二一二頁）や第九章**三**に見られる共感効果の転移・伝播（二〇一頁）なども同様です。

集中内観実習の結果、母親は心ならずも分裂病を患っている患者のいたみをようやくのことで思いやり共感し、彼に正面から優しい愛をもって接することができました。母親が集中内観の結果得た患者へのその思いやりと共感は、おそらく巨大でありましょうが、これを受ける方の側といえば自我の力が極端に乏しい重度の精神障害者ですから、必ずしも常にその好ましい共感が患者の魂に伝わり、患者に変化が起こるとは限らない場合もままあるでありましょう。しかし内観による共感の伝播・浸透によりまして患者の自我が芽生え強化させられますので、母親の共感が患者に伝播・浸透できる余地があるという臨床心理学的な理論は当然に成立し得ましょう。

精神分裂病の治療につきまして家族内観療法を適用しようといたしますと、まずはじめに家族のだれかに対して適用しようとするのかが問題になりますし、患者本人に対する適用判断の要件は何かという判断基準があることが当然に予想されます。これは精神医療面の一般的な問題でありますが、本章では具体的な一つの症例にもとづきまして**三**(3)と**四**の冒頭におきまして、あらためて詳細にご説明することにいたします。

このような治療機序で患者が自ら病を克服して立派に社会的・経済的自立に立ちいたりますまでには、何年間かのフォローアップが必要だという医師があります。その医師は精神科医として同種の実践を試みた(4)参照)人です（喜多等『第一八回日本内観学会大会発表抄録』一九九五年、一四頁）。

三　重度精神障害者の家族内観

重度の精神分裂病患者の家族に内観させましたところ、家族の内観による共感効果が子に転移し、分裂病が軽快改善したという症例につきましては、これまで何例か報告されています。ここでは代表的なものとして、一九八〇年に日本内観学会で、前記栗本氏によって初めて報告されました記念碑的なケース二例のほか、その翌年（一九八一年）真栄城輝明氏によって報告されました重篤な精神分裂病患者の家族内観療法をお伝えし、これに加えて一九九〇年代に入ってから前記の喜多氏によって試みられたもう一つの症例を摘記することにいたします。

(1)　A病院の症例（その一）

ＬＭ。二四歳の女性。高校二年から不登校になる。閉じこもり、独語、徘徊、自殺未遂のすえ一九七八年当院に強制入院。自分が絶対正しいという自己本位的な姿勢で攻撃的。つねに患者間のトラブルをおこす。幻聴妄想に支配された異常行動を繰り返す。母親自身もこの娘に恐怖心を持ち、自殺を恐れ、苦悩は深まるばかりだった。

母親の内観。母親は過去だれにも語れない夫婦間の抑圧体験を発見し、自分に余裕のなかったことから本人を無自覚のうちに抑えて来ていたことを自覚した。本人を病者ではなく人間として見られるようになり、幻聴を恐れず理解しようという気になった。それからは本人を受け入れつつ二年を経過した。日常内観も継続している。

患者は母の変化にびっくりしたと、初めての涙を流し、「母も悩んでいることがわかった」と語り、幻聴、異常行動も影をひそめ、外来通院二年間、問題行動はほとんど消失しました。

(2)　A病院の症例（その二）

YK。三八歳の男性。高校卒業後勤めた会社の人間関係で悩み、十数年前精神科に入院。退院後も挫折、暴行が重なる。一九六七年以来数回精神病院に強制入院。病状は次第に悪化。

一九七六年秋、当院に入院。おまえはどこの出身だ。おれは東京帝大出身の院長だ。清朝の末裔だ。エジプト王の子孫だ。一日の大半は病室に閉じこもり布団をかぶって寝ている。母親が見舞いに来院すると、「これは下宿のおばさん」といって応対し暴力を振るう（一九七九年三月）。

母親の内観。母親は自分が加害者として息子を精神病院に強制入院させたことをわびながら患者と同室で一週間起居を共にした。一週間後本人の妄想、独語が消失し、医師にも素直に挨拶するようになった。一時母親が宗教団体に入り本人に入信を勧めたところ本人の態度が一挙に悪化し、妄想、独語が再発した。医師に注意された母親は素直に医師の忠告に従い、ありのままの母親として応対するべく努力した。それによって患者本人は次第に落ち着きをとりもどし、一九八一年五月退院した。

九月現在かつての患者は母親と同居し、問題なく生活している（以上の二例、栗本藤基「分裂病者の母親に内観を施行し、本人によい変化が見られた症例」『第四回日本内観学会大会論文集』一九八一年、一五頁）。

(3)　Y病院の症例

男性T。二三歳。中学二年から登校拒否。高校卒業後就職するが赤面恐怖。その年の暮に独語、幻覚症状の発症。入院二カ月。退院後自衛隊に入隊したが半月程で除隊。自殺未遂を断続的に二回繰返す。家庭内暴力もあってY病院（当院）に入院。

家族内観療法を適用した理由。

① 家庭内の心的葛藤の存在。分裂し歪んだ夫婦関係、父の道楽、愛人関係、夫婦ゲンカ、母の家出。Tは中学一年生のとき、おしっこが出なくなるという身体症状をもって両親の不仲への、いじらしい訴えを行っている。

② 母と姑との間のしこり。祖父母と父母は別居するが、Tだけは祖父母のもとに預けられる。

③ 父は何を考えているのかわからない。仕事には真面目だが、自分勝手で責任を他へ転嫁すると

思えば突然優しくなる。家庭のことには無関心。

④　患者は外泊のたびごとに抑うつ的になり、不安定な精神状態になる。

母親の内観の成果。内観によりまして母親の変化には目覚ましいものがありました。Tの妹も母の生活態度の変化にこころひかれ内観。母親は、「今までの自分はわがままでした。他人に感謝するという気持は一度もありませんでした。内観によって祖母に対しても、もっとこちらから優しくするべきでした」と涙を浮かべながら語っています。父親も「夫婦がバラバラではいけないことがよく分かった」と言い、T本人も「以前は母はガミガミ小言をいうだけでただうるさかったが、今は優しくなった」と嬉しそうでした。

このようにして家庭の中には少しずつ変化が現れてきました。Tの退院から一〇カ月以上経った現在、患者は服薬を続けながら父親の仕事の手伝い、経過は順調だということです（真栄城輝明「精神病者への内観の適用について」『第四回日本内観大会論文集』一九八一年、三六頁）。

(4)　O病院の症例

N雄、精神分裂病の一七歳の男子。中学一年時代、団地に住んでいたが、母親自身が「のぞかれている、つけられている」など妄想状態をおこし、そのために転居転校。転校後は親しい友人もできず母親と密着。高校入学後も友人はできなかったが、一年一学期は休まず登校した。三学期には成績が落ち、高二の四月ごろ「人にみられている」と言い出し、六月ころから不登校。やがて昼夜逆転。ある日叔父のところを訪ねたがそこで突然笑いだし、精神科救急外来で注射を受ける。スーパーで「万引きしていいですか」といったり、夜中に外出したりして警察に補導され、実家に帰るよう父母が説得中暴力をふるい、パトカーで某公立病院に入院。一カ月後大学病院に転院。半年後O病院（当院）に入院。

O病院に七カ月入院。他患との会話はほとんどなく感情のない表情で廊下を徘徊、独語、入院後父母はこもごも来院しては医療者に相手（父は母、母は父）の悪口を言って帰ります。

母親の言分。夫は毎晩酒を飲み、会社のことをグチる未熟人間です。それは親戚中で有名。ケチできちょうめん。ガンコで世間知らず。それにマザコン。

父親の言分。妻は息子を甘やかし、突き放せない。N雄のやることをいつも先回りして決め、過干渉。不安が強く、人につけられているといって警察に訴えたこともある。

両親の集中内観。両親の内観後からN雄の表情は徐々に明るくなり、（病気だと思うか）という医師の質問に「はい」と答え、「回りの者とは話せないが、両親とは話せる」と答えるようになり、独語、徘徊も少なくなり、レクリエーションにも参加し、外泊を恐れず、みずから希望するようになった。二カ月後の外泊時には、両親から見て病的なところはほぼ消失。四カ月後、みずから希望して退院した。退院一年後には、アルバイトをやり、カラオケやバッティングセンターにも行くようになる。

内観を終えた後、以前は夫婦げんかをすると一週間でも二週間でも同じことをぐじゃぐじゃいい合っていたが、今ではケンカしても後があっさりしている。妻は今でも日常内観をしている。

主治医の喜多医師のコメント。内観後両親が自分の希望や期待にそって子供を操作せず、その自発性をゆっくりした気持ちで、近くにいながら遠くから眺めるようにして待っていられること、子供の情動をたいせつにして援助するのであるが、しかも親自身の現状検討能力がしっかりしている。これが患者をもつ家族に是非とも必要な両親の治療的態度であり援助的構造にほかなりません（喜多等「精神科医の立場から―重度精神障害者事例を中心に」『第一五回日本内観学会大会抄録』一九九二年、四二頁。内観法研究一巻一号、一九九五年、三三頁）。

四　非行少年の家族内観

A夫（一九歳）は自営の飲食店を営む父母の二人息子の長男で祖父母も同居する六人家族。A夫は中学時代から不良仲間との交友がたえず、警察の補導も受けた。中学卒業後シンナー中毒にかかり、窃盗、暴行で少年院に連続して二度入院。

A夫の少年院入院中に、ようやくにして父親が集中内観。続いて母親が集中内観しました。集中内観後両親は三年余という長い期間にわたって日常内観を続けました。

A夫は少年院仮退院後行方不明になり、またも窃盗事件を起こしてそれで警察に留置され、新聞にも書かれましたが、ある社長のはからいで身柄は親元に引き取られました。両親は息子の自立に向かう道中で次々起こる大変な困難に振り回されながらも、日常内観を続けました。

このケースは、子供の性こりのない非行に端を発した家族内観でありました。しかし両親はそれを契機にして相次いで集中内観しただけでなく、その後も三年あまり日常内観に励み、自分自身の問題性に深く気づき、夫婦が二人で悩み支え合う姿勢で子どもの問題を家族全体の問題として対処しました。

このような共同作業がしだいにA夫に影響し、その更生復帰への原動力になりました。やがてA夫は幸福な家庭をもち、初孫も生まれる予定であり、両親は今日でも日常内観を続け、「息子が自分を犠牲にして、わたしたちをいましめてくれた」といいながら感謝の気持ちで日常内観を続けているということです（長島正博、長島美稚子、草野亮「家族内観の一例」『第一五回日本内観学会大会抄録』一九九二年、九三頁）。

五　不登校生徒の家族内観

札幌太田病院では、非行、過食、いじめなどさまざまな問題行動を内に抱えもつ登校拒否少年少女の症例を入念に診断し、各症例に適合したカウンセリングや内観療法を行っています（太田耕平『第一三回日本内観学会大会論文集』一九九〇年、四八頁）。

(1)　同病院で行われている登校拒否の病状診断は次のように詳細なものです。

前駆期　表情が暗く孤立し、欠席、遅刻が増える。

初　期　頭痛、発熱、下痢、腹痛などの心気症状の段階。休むことが決まると元気を回復する。

中　期　暴力段階で家族や器物に暴力を振い、他の精神疾患と誤診されやすい。

完成期　自宅に閉じこもり、友人や先生が来ても、会わず昼夜逆転の生活となり、自閉的段階になる。この後非行化し得る。

(2)　問題点を確定し、次のような治療の選択をする。

① 親の不和、放任、過保護があれば親の内観と指導。

② 親子関係の不信と歪みがあれば親子同時内観とボディーワーク。

③ 子の性格形成の歪みがあれば内観とカウンセリング。

④ いじめなどの校内問題があれば教師と協力。

⑤ 教師、友人との葛藤があれば内観とグループ調整。

⑥ 学業成績の低下については、院内での学習指導、家庭教師。

⑦ 目標喪失があればカウンセリングや学習会の試み。

そのほか、箱庭療法、絵画、遊戯療法、スポーツなどを通して自信回復を図り、家庭内の調整がなされる必要もあります。

(3)　内観療法の治療計画

小学校低学年の場合では親子とも自宅で親子集中内観させるのが有効。性格に歪みがあれば子供は入院による内観療法とし、親は自宅で記録内観（思い出してノートに書き留めるだけの内観ま がいのこと。一定の効果はある）。

(4)　太田院長は、不登校については家族療法がもっとも好ましい療法だと考えています。なぜかといいますと、これによって本人のみならず家族全体が変化し、その変化が子の予後を決定的にすることがあるからだというのです。

(5)　札幌太田病院が行った家族療法としての内観療法の成績は次のようです。

次頁①の一覧表を見ますと生徒の登校拒否の期間が平均一〇〇日余りとかなり長期間にわたっていますのに、家族療法としての内観法適用から治癒までの期間が約一カ月と極めて短いことが特徴的です。その上ほとんど全症例の予後が良好であることに刮目しなくてはなりません。

ちなみに同病院は、前掲の症例より約五年前の一九八五ころには、登校拒否生徒一〇名に対してただ単に集中内観を実習させていました。この一〇名の生徒のうち六名は一週間から一〇日間の入院だけで直ちに登校できるようになり、残り四名の生徒のうち二名は一～二カ月経てから登校するようになったということです（太田耕平『第八回日本内観学会大会論文集』一九八五年、五二頁）。

五　不登校生徒の家族内観

①

氏名	性別	学年	不登校期間	問題点	家族の問題点	入院期間	予後
AT	♂	中2	約3か月	家庭内暴力	父性欠如	7週間	有効
TH	♀	高2	約9か月	内向性格、いじめ？	父性欠如	2週間	著効
NO	♂	中3	約2か月	退学、暴力行為	再婚同志、過保護	10日、6週	不明
WY	♂	中2	約7か月	円形脱毛、盗癖	父酒乱、母飲酒	4週、6か月	有効
TK	♀	高3	約2週間	いじめられ	転校	7日	著効
HY	♀	高2	約5か月	無口、無気力	両親の不一致	2週間	有効
HH	♀	高2	約5週間	劣等感	辺地の転居多し	6日間	有効
MH	♂	中1	約5か月	足の外傷	低学力、母の拒否	7日、2週	著効
MM	♀	中3	約2か月	希死念慮	母の夜仕事？	10日	著効
HI	♀	高3	約4か月	テンカン、盗癖等、	両親の不一致	3週間	有効
MH	♂	高1	約6か月	希望以外の高校	親の離婚と再婚	10日	有効
OC	♀	中1	約1か月	友人がいない	親の離婚と転居	7日間	有効
WT	♀	高2	約2か月	いじめ、心身症	一人っ子	3週間	有効
SS	♀	中2	2週間	男性的しつけ	父のアルコール	4週間	有効

②

事例	性別	年齢	学年	不登校の期間	問題行動	家庭の状況	予後
1	♂	20	高校中退	2年間	家庭内暴力	（境界型人格障害）	不良
2	♂	18	未就学	中学1・5年	意欲減退	母の過干渉	有効
3	♂	18	高校中退	中学1年	家庭内暴力	幼少時頻繁な体罰	有効
4	♀	17	高校2年	2か月	抑うつ・視線恐怖	父のアルコール依存症	不良
5	♂	17	高校2年	10日	発汗・爪噛み	（敏感関係妄想疑い）	疑問
6	♀	17	高校2年	10日	非行・家出		有効
7	♀	16	高校2年	断続的に6月	無気力		有効
8	♀	16	高校2年	断続的に10日	非行	断続的不登校6月	有効
9	♂	16	高校1年	1か月	家庭内暴力	（脳梁欠損）	有効
10	♀	15	高校1年	2か月	過食・抑うつ		有効
11	♀	15	高校1年	6日	視線恐怖・頭痛	中1時代不登校40日	疑問
12	♀	15	中学3年	7か月	昼夜逆転	（精神分裂病）	有効
13	♂	14	中学3年	断続的10日	万引き	父は怒り母は考え込む	有効
14	♂	15	中学3年	断続的1か月	腹痛・下痢	母の過干渉	有効
15	♂	14	中学3年	9か月	頭痛・腹痛		有効
16	♂	14	中学3年	1・5年	家庭内暴力	（精神分裂病）	有効
17	♂	13	中学2年	1か月	腹痛	母は精神分裂病	有効
18	♂	14	中学2年	1か月	非行		不良
19	♂	14	中学2年	2か月	昼夜逆転		不良
20	♂	12	中学1年	2・5か月	ゼンソク		有効
21	♂	13	中学1年	3か月	家庭内暴力・家出		有効
22	♂	12	中学1年	3か月	学習障害	（微細脳損傷）	不良

札幌太田病院では、一九九三年四月から一九九五年六月までの二年三カ月間に、不登校がみられた前頁②の一覧表掲載の二二名を入院させ、全員に一週間の集中内観を適用しました。

内観終了後、二時間のボディーワークを中心とした親子内観を実施し、その後一週間は病院からの登下校を家族に依頼して実行し、一六日目に仮退院としています（大石東香外「集中内観を中心にした短期入院治療を受けた不登校生徒二二例について」『医療法人耕仁会職員学術研究発表論文集』一九九五年、六七頁）。

一九九五年七月、この全症例について予後の追跡調査を実施しましたその結果は、二二例中、一八例が登校を再開しており、残りの四例中二例が中退後稼動中であり、二例が入院中でありました。

このようにして短期入院治療を受け、全く無効だった事例は二例のみでした。また悪化した事例もなかったということです。登校拒否が改善されただけではなく、右の一覧表に「問題行動」として摘記された事項も消失したり著しい軽減が見られたという点にも注目する必要がありましょう（前同書）。

六　ボディーワークを中心にした内観の家族療法

吉本原法では、一週間の集中内観が終わりますと、内観実習者一同が円座を作り座談会をするのが習わしでした。札幌太田病院では原法にあった座談会の代わりに次のような患者と家族のドラマチックな家族あふれあいの場を作っています。この方法はすでに八年前から行われているものですが、著者は一九九八年六月の日曜日午前中から午後にかけて太田病院方式家族内観二例の見学をしました。その前にも二日間にわたって三人の少年少女の集中内観面接の模様を順次見学しています。ですからボディーワークに現れた二人の少年少女内観者とは顔なじみでした。

よく晴れた日曜日の午後、一〇畳ほどの畳敷きの間には厚いカーテン。うす暗い部屋の真ん中に敷かれた座布団の上に父母は並んで座っている。その前に上野ミユキ内観担当婦長。

「S子ちゃんはカギのかかった部屋の中に置かれた屏風の中で一週間がんばったんです。今日はどうかS子を責めないでください。よく頑張ったねという心でその労をねぎらってあげてください」

上野婦長は自分の座っている座布団の端をひっぱりながらさらに続ける。

「今日のS子ちゃんはこうして座布団の端がひっぱられた形に今なっているのですよ。指を放してもこのしわが伸びたままでいつまでも続くようにしたいものです」

待っているところへ高校一年生で茶髪のS子が目を泣きはらし鼻をズルズルいわせながら入室。彼女の両腕にはおびただしい数の「根性焼き」（たばこを皮膚に押し付けて作ったケロイド状の火傷の傷痕）が一列に並び、刺青さえ彫られています。

母、父、S子の3名が背中を合わせて内観中の記録をA子が読んでいる場面

S子と父親が背中合わせで動いている場面

以下のボディーワークでは上野婦長がファシリテーターになる。親子三人背中を合わせ、脚を放射状に伸ばして座り、目を閉じ相手の心臓の音を聴きましょう。そのままの姿勢でS子は自分の内観日誌を声に出して読む（上図左）。

　ママが病院に連れて来た時は、一応だまって従いましたが、帰ったら殺してやろうと思った。あきるまで母を泣かしてやろうとおもった。パパを怒らせて遊んでやろうと思った。四日目。帰りたくて泣いた。ママがいなくて淋しい。一八にもなった今、こんなことをいうのがはずかしい。内観してみて、一生ママに謝り続けても足りないほどのことをわたしはしました。あたりまえとおもっていたことも、こんなにありがたいとおもえるようになったのは、内観のおかげです。もうウソはつきません。

S子は胸から絞り出すようにして内観日記を読みました。それは母親の心を揺さぶりました。両親は、娘ともに楽しく幸せだった時のことを、古い順に語りました。母は言葉になりません。次第に感動して泣きはじめる。

両親と娘が対座する。S子は両親に対して両手をつき頭を畳にこすりつけ、「ごめんなさい。私、とても悪かったことが、よーく、わかりました」とむせびながら謝罪。両親はこもごも、「よくがんばってくれたね、私たちも悪かったわ」と頭を下げる。

カーテンが全開され、部屋が一気に明るくなる。

父と娘が背中を合わせ腕を組んで、前後、左右に動く。ファシリテーターは声をかけ合うように伝えるが、二人はなかなか思うように動けない（前頁右図）。こんどは母と娘が対面して手をつなぎ、声かけあって前後左右に動く。「後ろ向きでは、声をかけてもわたしたちの意志はうまく娘には伝わりません。お互いが向き合って、声を掛け合ってやればスムーズに動けます。やはり向き合って声かけあうことがだいじだということがわかります」と母親が語る。

一人が後ろから支え、他の一人が後ろに倒れる。支えのあることがわかれば安心して倒れることができることを体で知らせる。

午前中の事例では、父と息子が腕相撲をした。相撲もとった。相撲では父は健闘したがとうとう息子に二敗した。息子はいつのまにか父が弱くなったと淋しそうにつぶやいた。

S子は母の膝をまくらにし、母のおへその方に顔を向けて横たわる。母はS子の頭や体をなでながら子守唄を歌う。

ねんねーん　ころりーよ　おころーりーよーと、何度もくり返えし歌う。

感涙が母親の頬を伝う。

手の組み方。平素何げなくやっている自分の手の組み方重ね方に、あらためて違和感を感じさせその克服ということを体で気づかせる。

肩たたき肩もみ。「も少し右、上、力かげんがちょうどいいや」と父は娘にほめ言葉をかける。全員で手を組んで「四季の歌」を歌う。

親子が対座し、今後の決意や希望を語る。太田耕平院長が入って来て「よかったら三人の記念写真を」という。親子三人がにこにこ顔で写真におさまる。

S子は身支度し、両親に連れられて八日ぶりに我が家へ帰って行った。

［後日談］（上野ミユキ婦長からの著者あての七月二六日付てがみより）

① 男子中学生は翌週から保健室登校をはじめ、二週間後退院した。

② S子は、あの時与えた著者の助言にすなおに従い、形成外科で「根性焼き」等の除去手術を受け、二週間に一度ずつ内観日記を持参している。

第一一章　内観炉辺談話

一　河内事件と川嶋真一院長

わたくしが司法研修所の修習を終えて初任地の最高裁家庭局に入局した一九五五年のことです。この年大阪府下の河内少年院という特別少年院（後に廃院）で、後世「河内事件」と呼ばれる大事件が起こりました。少年院の教官たちと収容されている少年たちとが乱闘になり、教官たちが少年たちを傷つけたのです。多くの教官が刑事処罰や懲戒処分をうけました。当時日本列島を震撼させるビッグなニュースになりました。法務省は早速大阪矯正管区に命じて事態の収束を図らせました。当時大阪矯正管区第三部長（矯正教育担当）だった川嶋真一氏（一九九九年四月逝去）が新しい院長として指名され、荒れ果てた河内少年院の立て直しに当たることになったのでした。

河内事件直後、一三〇人の院生たちは「勝った、勝った」と有頂天であり、作業場では脚の不揃いの椅子や机を作り、木工のグラインダーを使っては刃物をつくり、少年の居室はダンスホールであり、夜間は男色が横行し、炊事場は収容少年の管理下におかれ、単独室ばかりがある寮舎勤務の教官は懲罰を受けている院生から侮辱され殴られたりで、少年院は辛うじて少年の逃走を防ぐための隔離施設でしかありませんでした。

院長として着任した川嶋さんは内観法を実施することによって河内少年院に平和と秩序を取り戻そうと決意し、内観実施を着々と拡大して行きました。内観を済ませた少年の居室は一つまたひとつと増えて行き、内観した少年と内観していない少年の居室が、交互に並ぶようになりました。そのようなある日、他の少年院から事故を起こして移送されて入院した少年が大暴れし、大阪刑務所から特別警備隊が出動したり、消防自動車が出動して水をかけるというような大騒動になりました。しかしこのような大騒動の中にあっても、その部屋の両隣の、内観を済ませた二人の少年たちは平然として掃除をしていたといいます。

河内の川嶋院長は内観法とかいうもので、少年院をよみがえらせたぞ！

法務省のみならず全国民を震撼させた陰惨なこの事件のニュースから間もない時期に、そういうさわやかなニュースがパッと広がり、その直後から内観法は、日本全国の少年院、刑務所に、一気に広がって行きました（武田良二『内観法の心理学的課題』一九六二年）。

内観法は河内事件の事後処理の鮮やかさによって全国にその名を知られるきっかけをつかんだといえましょう。それは内観法が吉本伊信の開設した内観研修所で一般に実施されるようになってから、わずか二年後のことでした。

その後岡山少年院の院長に転任した川嶋院長は、内観の名作として評判の高い「懺悔の記録」という、ドキュメンタリーテープを作って山陽放送から放送させるなどしました（二六九頁）。

川嶋さんは一九六〇年、当時盛岡地検の検事だったわたくしに内観実習の動機づけをしてくださいました。わたくしにとって川嶋さんは、生涯忘れることのできない恩人です。

二　矯正界における内観法

(1)　牧野英一博士とわたくし

一九五〇年、私が大学二年の時、我が国刑法学の泰斗である牧野英一博士（一八七八〜一九七〇）が文化勲章を受賞されました。我が国で法律学者が文化勲章を受章したのは初めてのことでした。

わたくしは感動のあまり、そばに寄ることも畏れ多い牧野博士にお祝いのお手紙を送りました。

これに対して思いがけなくも牧野博士からご返書が届きました。博士は当時日本の刑事政策の改善研究をする法務省の外郭団体である財団法人矯正協会（当時は刑務協会といった）の会長であり、法律学界に対してもまた大きな影響力をもつ人でした。その牧野博士からご返書をいただいて以後、わたくしは恐る恐るとではありますが、当時法務省の建物の中にあった財団法人矯正協会長のお部屋に牧野博士をお訪ねするようになりました。

わたくしが大学を卒業し、司法研修所に入所した年の翌年、牧野博士は喜寿を迎えられました。

わたくしは牧野博士の喜寿祝賀のため「浄土教思想から見た目的刑主義」（目的刑とは教育刑のこと）という小さな論文を書き、その論文を最高裁司法研修所が刊行する学術雑誌に発表しようと思い、牧野博士のもとにその原稿を持参して読んでいただきました。

牧野博士の教育刑思想とはこうです。

　どんな凶悪な罪を犯した重罪犯人であっても、その心の中には自己を向上させようとする強烈なポテンシャル（潜在能力）がある。国家はいつまでも犯罪者に対して単なる反動、害悪としての刑罰を、無反省に加えるだけではいけない。犯人が刑務所にいる間に、彼のもっている向上心に点火し、改善された人間として社会に復帰させる責務がある。受刑者に対する矯正・改善の教育ということを考えよ。

博士のこの思想は「教育刑主義」といって当時としてはかなりラディカル（急進的）な思想で、一般社会には受け入れられにくいものでありました。

第五章では、牧野博士のそれほどラディカルな教育哲学が「かくし絵」のように巧妙に歌に詠まれ、歌碑として川越少年刑務所に建立されていることについてお話ししました（一一五頁）。

その教育哲学とは、「木の葉の屋根の下に住まっても、玉座の上にあっても、本質は等しい同じ人間」（ペスタロッチー）というものです。そして犯罪者をもそのようにとらえ、犯罪者個々人の心の中にある、さまざまに異なった潜在的可能性を発見し伸ばして行くところにこそ、真に国家の権威、賢さがあるというべきだというのが牧野博士の教育刑主義です。

博士の歌碑が建立された一九三〇年代には、そういう教育哲学をもつ東京帝国大学の牧野教授は「わが国第一級の危険思想の持主」として文部大臣鳩山一郎からにらまれていたのでありました（一一六頁）。

内観法の根底にある思想も、ペスタロッチーや牧野博士と同じ教育哲学です。

わたくしは牧野博士の教育刑思想を、我が国が生んだ浄土教思想の代表的人物である新鸞の、悪人正機（弥陀は悪人を救うためにこの世に現れた）という宗教思想と対比して論じました。牧野博士はわたくしの乳臭い処女論文をことのほか絶賛してくださり、ちょうど五〇歳も年の違う私を、牧野博士の「最後の直弟子」としてお認めくださり、先生の文化勲章をわたくしの首につるすなどしてわたくしをほめ、喜ばせて下さいました。

(2)　矯正界が内観で沸きかえった

わたくしが司法研修所を終え、最高裁家庭局に奉職した一九五五年、大阪府下の一少年院で試験的に適用された内観法は、その適用のめざましい成果から、まるで燎原の火のように、我が国の矯正界全体を覆いました。丁度その時期に牧野博士は矯正協会長という地位におられました。

当時精神に障害のある成人受刑者を収容して治療を行う城野医療刑務所の所長だった原口直医学博士は次のように述べています（奥村二吉外編『内観療法』二一四頁）。

城野医療刑務所に集まってくる精神障害のある受刑者の中には、現在の精神医学の力のみではどうにもならない人々がいる。それは精神医学が心の病気に対してすぐれた治療手段を持ち合わせていないためであるが、現実にこれらの人びとを世話しなければならない立場にある私は、完全な医学的治療手段が発見されるまで手をこまぬいているわけには行かない。内観はこのような気持の私にたいして与えられた救いの治療法である。私は内観がなぜ受刑者に有効であるのかの理由は全く分からない。ただ私は相当数の内観実習受刑者が生まれ変わったように立派になる姿を自分の目で見て、内観による治療を、何か人間精神の法則にかなった一筋のものがその底にあるからだろうと思うようになった。

犯罪を犯しやすい人間の中には、たくさんの精神障害者が含まれています。刑務所や医療刑務所、医療少年院はそのような治療・矯正困難な精神障害者や俗にいう変質者たちの吹きだまりになります。こういうタイプの犯罪者は、社会に対して非常な恐怖感を与えます。このような、精神や性格に障害があって罪を犯した人々についての矯正治療は、原口直博士が言いますように、現代の精神医学に頼ってばかりいたのでは、彼らを治療し矯正したうえで社会に送り返すという国の責務を履行できるかどうか自信の持てないことが多いと思われます。

内観法が日本の刑務所・少年院に一気に拡まり、大々的に適用されはじめた一九五六年、当時法務省矯正局の一地方部局（全国に八管区がある）の長であった名古屋矯正管区長の加藤実好氏や高松矯正管区長池口尚夫氏は、吉本伊信の新しい内観法の著書に感動的な序文を寄せています。（吉本伊信『内観四十年』一八三〜一八六頁）。

一九五八年から一九六三年にかけましては、矯正界の内観ドキュメンタリーは、ラジオというメディアによって全国の家庭の茶の間に飛んで行きました。各地で行われましたラジオ放送を、放送された年代順に掲げてみます。その中で、最初の三つのドキュメンタリーは特に有名なもので、その録音テープは今現在でも日本各地の内観研修所では、内観導入のための有力な道具として活用されています。

①　ラジオ山陽の放送した「ざんげの記録」（一九五八年）

岡山少年院に収容されている一人の少年が非行に汚れた自分の過去や優しかった母と姉の愛を思い出し、涙とともに自分の非行を懺悔し、更生の決意をするという内容です。

②　毎日放送の放送した「親分男になる」（一九六〇年）

かつて組織暴力団の組長であった前科一〇犯の橋口勇信さん（故人）が、宮崎刑務所で内観して改悛し、刑務所内から組の解散を指令し、出所後、町内会の人々の暖かな物心両面の支援によって更生するという物語です。

③　毎日放送の放送した「処刑を前に」（一九六〇年）

強盗殺人事件を犯して死刑判決を受けた戸田○○という死刑囚に関するものです。戸田さんは犯行直後四国から逃亡中に北海道で逮捕されます。護送中のふてぶてしい態度から放送記者の録音が始まり、その後獄中で行なった内観によって到達した清明な心境を吉本伊信との対話によって語ります。処刑を目前に控え（その後処刑された）、内観によって罪を懺悔できて本当に幸せであった。しかし出来ることなら被害者の首と自分の首をとりかえたいと、涙とともに切々と語ります。そのような死刑囚の切実な感想ですら被害者の遺族の心を安らげ得るものではありませんでした。(注)

同じ一九六〇年にはＮＨＫから宮崎刑務所の内観と徳島刑務所の内観が放送され、翌年の一九六一年には東京放送から京都刑務所と佐賀刑務所の内観が、一九六二年にはラジオ中国から広島刑務所の内観が、同じ年にＮＨＫから徳島刑務所と高松刑務所の内観が、一九六三年には、琉球放送から沖縄刑務所の内観が、いずれも放送されました。

(注)

前記①「ざんげの記録」について。石井光『一週間で自己改革、「内観法」の驚異』（一九九九年。一二七～一二九頁、一五六～一五九頁）には、この少年院生の内観テープの反訳（七四行）およびその解説（三九行）が記載されている。

前記②「親分男になる」について。武田良二「内観法」佐藤幸治編『禅的療法・内観法』（一九七二年、二〇六～二〇八頁）には、五二行にわたって橋口勇信氏に関する内観テープの反訳と解説が記載されている。

前記③「処刑を前に」について。武田良二前同書二〇五〜二〇六頁には、四五行にわたってこのケースについての詳細な内観実録と犯行の態様や解説が記載されている。

(3)　刑務所で内観を実施するための根拠法令

懲役刑を執行する刑務所では、懲役囚は刑務作業を義務づけられます。刑法一二条は「懲役囚には作業をさせる」と規定しています。毎日作業をやらせることが原則の刑務所で、内観希望者に一週間作業を休ませて内観に専念させることに問題はないのでしょうか。

わが国では、受刑者は自発的意思で自由に内観実習ができるという法的な根拠規定があるのです。

監獄法施行規則五八条によりますと、教育のための時間はそのまま作業の時間と見做されることになっています。内観実習をする時間は、これは「教育の時間」とみなされます。ですから一週間連続して作業を休んで内観しても法律違反は生じないのです。

このようにして現行法のもとで、内観者に一週間作業を休ませて内観実習に没頭させても、刑務所長が直ちに刑法に違反したということにはなりません。ですから内観法による個別指導によって受刑者を教育改善するのがよりベターだと判断される、例えば集団処遇になじもうとしない異常性格の持主であるとか、その他作業だけでは矯正の効果が期待できない受刑者につきましても、その者が真剣に内観を希望しさえすれば、刑務作業を休ませて内観実習をさせることは刑法という法律に違反しないと考えられます。医療刑務所での内観は、治療行為としての内観ですから、内観の実施は刑法の規定に拘束されず、原則として自由です。交通刑務所（禁錮刑の執行）でも、内観実施は原則自由です。

ついでにいいますと、釈放直前教育の時期であるとか懲罰に処せられた時には、受刑者は制度的に刑務作業から解放されます。このような時期には受刑者を内観に専念させるべき絶好の機会になると考えられます。

内観実習のために受刑中の内観者が刑務作業を一週間休むことにつきましては根拠法規もしっかりしていますので、ことさら問題にされることもなく万事平穏に推移していました。

(4)　矯正界からの内観の撤退とその復活

一九六七年頃になりまして、突然法務省とある有力な新興宗教の間で問題が発生しました。

当時内観法が易々と全国の犯罪者矯正施設を覆い尽くす勢力を見せていることにつきましてその宗教団体は、法務省が内観寺の低俗な吉本住職（第一章二、一一頁）に担がれて内観寺の仏教行事を国の施設に持ち込ませているのはけしからんと、猛烈に非難し始めたのでした。

法務省はその新興宗教団体に対し、当初は「内観法は宗教ではない」といって戦いました。しかし教誨師（刑務所ビジター）としての吉本の、度の過ぎた俗っぽさに対する第一線矯正官たちの嫌悪感と不信感が、当時急速に矯正界内部で拡がっていたのです。

その上、内観法の刑務所での実施は刑法一二二条に違反するおそれもあるという内部からの厳しい批判の声も上がり、法務省が傷ついてまで内観寺住職吉本伊信の内観法を外圧からかばう価値が果してあるであろうかと職員の間に動揺が起こり、外圧への戦意は急速に萎えて行きました。

法務省矯正局は一九六七年ころ、各矯正管区に対し行刑施設（刑務所、少年刑務所）での内観実習は今後つとめて自粛するようにと口頭で命令したらしく、全国の行刑施設での内観実習は突然中止され、少年院での内観実施も極端に低調になったままごく最近まで推移しました。

矯正界での内観実施はこうして一度は撤退を余儀なくされましたが、問題の核となった吉本伊信は今は亡く、新興宗教の外圧も去った現在、内観実施のための根拠法令も前記（二七一頁）のように明らかに示されましたので、全国の矯正施設で内観法を再び実施することにつきましては、ほとんど何の障害もないものと考えられます。

地下鉄サリン事件のあった一九九五年の暮れ頃から、全国少年院での内観教育はにわかに活性化し、一九九七年一〇月現在では全国五四庁の少年院の内、四一庁（七六％）で内観教育が熱心に実施されています。このことからも外的な障害が取り去られたことがはっきりとわかります。

これだけ多くの少年院で内観実施が復活するまでに日本の矯正界では、実に三〇年という長い年月がほとんど無為に流れ去ったのでありました。

三　奥村二吉博士と鈴木仁一博士

(1)　奥村二吉博士

一九六七年、当時岡山大学精神神経科教授であった奥村二吉博士は、同大学付属病院精神科に入院中の患者に対して内観法を適用し始めました。わたくしはゆくりなくもその翌年の一月に岡山地検の検事として岡山に着任し、奥村教授と内観について親しく語り合う間柄になりました。

その年の五月にはわたくしは吉本伊信師とともに奥村博士の主宰する岡山大学精神神経科教室に招かれ、教室員の前で内観法のお話をし、一九七五年には奥村博士が会長であった岡山県精神衛生協会の年次大会に吉本伊信師とともに招かれ、県民の人々に内観のお話をしました。

私が奥村博士と知り合ってから一〇年後の一九七七年、わたくしは奥村博士から一冊のご論稿、「精神の弁証法的発展としての内観」(『原事実について』一九八〇年、一七一頁)を頂きました。

まずそのご論稿のほんの一部をできるだけ分かりやすく摘記しておくことにいたします。

内観において動く心の様子を考えてみれば、わたし自身をわたし自身が見るという意識の過程が主として働いている。わたしのしたこと、言ったこと、考えたことをわたし自身が見ている。すなわち「見られる自己」と「見る自己」にわたしたちの意識を分けることができる。このような段階で自己本位の発見も被愛事実の発見も起こってくる。このような精神の発展は集中内観の過程で、無数に繰り返されている。何回も起こっている。その都度内観は深くなる。集中内観は、このような精神の発展運動を何回も、しかも強く起こさせ、精神をより高次の段階へと上昇させる方法である。新生した自己は、次の瞬間には、「見られる自己」として「見る自己」の対象となる。

奥村博士のこのご論稿は、内観によって自分の意識の中に出現してくる自己を、分裂する自己、対立する自己、.自己を観察している自己、観察されている自己として理論化しています。

わたくしが本書でまとめた内観法原理の構造は、今から二〇年も前に、奥村博士のこの小さなご論稿にあらわれた内観法原理を引き伸ばしたものに過ぎません。

そのように一つの自分を二つの自分に分裂させる契機となるエネルギーはどこから与えられるかといいますと、それは奥村博士によれば被愛事実の認識です。私の言葉でいいますと恩・愛の認知です。わたくしの内観法原理もこのような奥村博士の捉え方に従ったものです。

(2)　鈴木仁一博士

鈴木仁一博士はわたしと海軍兵学校で同じクラスでした。彼が内観法を心身医学に適用し始めたのは、恐らく東北大学付属病院長町分院に心療内科がおかれていた頃からだったといわれています。

博士がわたしの要請に応えて仙台市からはるばる第三回日本内観学会岡山大会にやって来たのは一

九八〇年でありました。その大会で鈴木博士は内観法原理を解明することが学会としては緊急の仕事であるということを強調しました。そのことは既に第一章でお話ししました。

その翌年の一九八一年のことです。鈴木博士から私に電話がありました。

このたびおれのやっている東北大学の心療内科に本格的に内観療法を導入することを決意した。そこで新たに心理療法の専門家を助手として採用し、この助手に内観療法の指導面接業務の一切を任せたい。それについて君にお願いがある。岡山というところは、奥村大先生が内観療法を確立された所だ。さだめし俊秀がゴロゴロしているであろう。岡山大学の大学院を終了した心理療法専門家で、これぞと思う内観療法の実務の心得のある若い人材を一人おれの教室に推薦してはもらえないか。

わたくしは鈴木博士の厚い友情と彼の内観法への熱意に応え、川崎医科大学の横山茂生助教授（現川崎医療福祉大学教授）とかはり、その頃岡山県津山市の積善病院（平田潤一郎院長）で内観療法を熱心に行っていた杉田敬さんを推薦しました。

三〇歳になったばかりの杉田さんは若くして東北大学医学部助手に就任し、鈴木博士の主宰する心療内科に入院した患者に対して内観法を適用し、その面接に専従することになりました。

それは我が国の内観療法の歴史にとっても、そしてまた杉田さんの人生にとっても画期的な出来事でありました。それから鈴木博士の教室では約六年間内観療法が実施されました。

鈴木博士や杉田さんがその間に東北大学付属病院心療内科で行った、内観療法を併用する絶食療法が心身症の入院患者たちに対してどれほどの治療成果を挙げたかということにつきましては、本書第九章五(2)(3)の、東北大学での内観成果ですでに詳しくお伝えしました。治癒率八八％という輝かしい成果が伝えられています（二二五〜二二八頁）。

四　内観法と刑事裁判

わたくしが内観法を刑事被告人に適用して成果を挙げた事例のお話をします。

(1)　収賄事件の被告人

一九七〇年、〇〇省の地方部局の役人だったSさんは、暗い路地で一〇万円入りの茶封筒をポケットに突っ込まれました。その金の趣旨についてSさんは「それは餞別です」とわたしの前で強情を張りました。わたくしはSさんに「内観研修所へ行って一週間よく考えていらっしゃい」といって彼を吉本伊信師のもとに送り出しました。

内観研修所から帰って来たSさんは次のような体験を語りました。

内観やり始めて三日目の夕方でした。太陽が沈むのをわたしは見ました。わたしはそれまでに太陽を見たことは一度もなかったように思いました。

私はうれしさに嗚咽しながらトイレにゆくため階段を降りました。降りたところであれっと、びっくりしました。座骨神経痛のわたくしは、それまで片方の脚をかばいながら、一段また一段と、ゆっくりゆっくりゆっくり降りていたのに、健常者のようにとんとんとんと降りて来ていたのです。降り切ったところで足腰の痛みが完全に消失していたことに気づきました。その瞬間、またしても涙が噴水のように両眼からほとばしり出ました。いつのまにか座骨神経痛が治ってしまったのです。

それにしても先生、自分はなんという恐ろしい魔物だったのでしょう。あの一〇万円のワイロを平気な顔をして餞別だと言い張っていました。自分を偽っていたのですからどなたに対しても許しを乞う資格などありません。ただ黙って実刑判決を受けるべきです。わたしはこれまでに、人様には恥ずかしくて言えないような無数の犯罪を犯して来た大悪人でした。このたびそれらのことにすべて気づかせていただきました。

(2)　傷害罪の被告人

あるとき有名企業のAという重役が法事で岡山に帰ったとき、自分の、兄弟全員に対する長年の恨み（一流企業の重役である自分に対する尊敬の念が足りない）が爆発し、一番温厚で優しかった長兄に、殴る蹴るのひどい暴行を加えました。長兄は植物人間になりました（判決直後に死亡）。Aさんは傷害罪で起訴されました。内観をする前のA被告人は「先生、僕は兄弟全員にはめられました。今に見ていろ。僕は兄弟全員の首を真綿で締めるようにして始末してやる」と、平然とうそぶくような人物でした。

弁護側の情状証人として出廷したAさんの親友である大学教授は次のように証言しました。

この裁判でA君に対して懲役何年の判決が下されるか。それについてはわたくしは全く興味も関心もありません。折角のチャンスです。この裁判をとおして彼が真の人間性を回復してくれることを、心から待ち望んでいます、と。

この刑事裁判では、裁判所と弁護人側の訴訟運営についての基本的意向が、真っ向から衝突しました。被害者の命が切れますと、起訴状の訴因は傷害致死といって傷害罪より一回りもふたまわりも大きな法定合議事件に変質し、一人の裁判官では審理できなくなるのです。だから裁判所はなるべくなら被害者が亡くなる前に判決したいといって訴訟促進を求めます。これに対して弁護人は、被告人の人間性回復なしに結審はできない。しばらくの時間が必要である。被害者が死なないうちに結審をしても、それは被告人の真の利益にはつながらないというものでした。

執行猶予の判決を得たAさんは東京を離れ、山奥にこもりました。判決を受けて一年程経ったころ、Aさんは次のような感想を弁護人であったわたくしに寄せて来ました。

波多野先生、私はおろかな犯行によってすべての社会的名誉を失いました。植物人間だった兄も判決直後に亡くなりました。私名義の土地建物は被害弁償（長兄の医療費・慰謝料）で失い、わたしはほとんどマル裸になりました。しかしこの犯行を契機として内観を知り、毎日静かに大自然の懐に抱かれて人生を思索しています。以前と今とどちらが幸せであろうかと考えてみますと、負け惜しみではなく、失ったものはありません。

Aさんは自己の犯罪によって多くのものを失っています。しかし社会的な地位、名誉、財産を失った被告人であるのに、彼は刑事裁判と内観を契機として新しく尊い心の境地をみずから開拓し、安んじて老後を展望することのできる境地に立つことができたのです。

⑶　覚せい剤取締法違反の被告人

二年間に覚醒剤の自己使用を続けて二回もやって五年間の保護観察付きダブル執行猶予の判決を受けた被告人がいました。この若者は拘置所の中の内観で改悛し、四年後には別居していた妻子も元へ戻りました。ある年の暮れ近く、スーパーの売り場を歩いていましたとき、後ろから小さな声で「先生」と呼ぶ声がしました。振り返って見ますと、そこには質素な菜っぱ服を着、娘とともに買い物を楽しんでいるらしい、かつての内観被告人がいました。

その彼はかつてはエナメルの靴を履き、玉虫色のけばけばしい服装でベンツを乗り回していました。妻子はどこかへ逃げてしまっていたのです。逃げた妻子が先年自分のところへ帰って来たのですと、菜っぱ服の彼は言葉少なに語りました。その顔は幸福に輝いていました。わたくしは彼と幼い娘の表情を見たとたんに言い知れぬ感動が込み上げ、かろうじて「よかったね」といったきり、それ以上言葉を継ぐこともできなくなり、こみあげる涙を隠してその場を立ち去りました。ある年の瀬に味わった、全身が震えるほどの歓喜の一瞬間でした。

(4)　被告人に対する内観の面接

拘置所に拘禁されている被告人の内観指導のやりかたについてごく簡単にその技法をご説明しておきます。拘置所は大抵人里離れたところにあります。そこまでバスやタクシーで毎日一度通って内観の面接をするというようなことは労力的に大変です。一週間にせいぜい一度程度です。

内観に導入するまでには何カ月もかかります。そのうちいつかはこの被告人も自分自身が見えてくるに違いないと信じ、それを楽しみにしつつ刑務所に通うのです。内観導入まで三〜四カ月のものが殆どですが、半年のものもかなりあり、一年近くかかってやっと内観に入った者もあります。

五　犯罪被害者と内観法

刑事裁判と内観法という関係から読者のみなさんはすでにお気づきくださっていると思いますが、内観法は犯罪者に対し、自分のいたらなさで被害を受けた被害者の心情に気づかせるための優れた技法です。それは将来犯罪被害者学という分野で新しく研究開発される事項でもあります。従来の犯罪被害者学がターゲットとしている事項とは、はなはだしく異なっているのです。物質的、金銭的な被害弁償ではなく、犯罪者とその被害者の、心からの和解ということが内観の求めているターゲットです。犯罪者に犯罪被害者の心の痛みをわからせるということは、言うべくしてなかなか実行、実現のできないことです。

つい最近のことですが、少年時代に強盗殺人という凶悪な犯罪を犯した被告人が、被害者の妻に対してお詫びをしたいという気持ちから、一年近くかかって拘置所の独房で真剣に内観に取り組み、二、〇〇〇件近い「ウソと盗み」の内観をやり遂げながらついに自分自身に納得のゆく本物の内観に入れず自己卑下や自己嫌悪に苦しみ続けました。一人の犯罪者が、自分が殺害した被害者の奥さんの心の苦しみを分かろうとして一年半近くも内観したその執念には頭が下がります。しかし彼は深い内観には遂に到達することができませんでした。したがって被害者の遺族とも和解はできませんでした。

生命犯について殺人者と被害者の間の和解が実現するまでには、仮にできるといたしましても、長い年月が必要だと思わなければなりません。

数年前池袋の東京芸術劇場のロビーで、ノートルダム清心学園理事長渡辺和子先生（前ノートルダム清心女子大学学長）にばったり会いました。先生は一九三六年、九歳の時、二・二六事件で、お父上である時の陸軍教育総監渡辺錠太郎大将が反乱軍に撃ち殺されるのを至近距離で目撃された方です。

「どうしてこんなところへ……」と尋ねるわたくしに、渡辺先生はこう答えられました。

波多野先生、今日はわたくしの大せつな記念の日なのですよ。二・二六事件の犯人の方々からね、かねてから父のお墓参りをしたいという希望が寄せられていたのです。何年も何年もかかってわたし和解を考えました。事件から五〇何年経った今年になってようやく彼らを赦すという決心がつきました。父のお墓の在りかを彼らに教えてあげましたの。

すると彼らは、せめてものお礼ですと言って、今日の音楽会のチケットを贈って下さったのです。波多野先生とお会いできたのも、なにかのご縁ですね……。

渡辺先生は若くして修道女の道に進まれたお方です。そのような方ですら、殺人者を赦すのに半世紀以上の月日がかかったと告白されたのでした。

五　犯罪被害者と内観法

内観法の指向する理念は、犯罪被害者学や死刑廃止論という学問の分野では特に重要です。先に戸田死刑囚と内観のことについてお話ししました（九〇頁）が、あれほど内観の深い戸田死刑囚ですら、被害者のご遺族との間で真の和解のできないまま処刑されています。

わたくしは、「死刑廃止論」の東大名誉教授団藤重光先生（元最高裁判事、文化勲章受章者）からは、一九八〇年ころから親しくご指導を仰ぐようになりました。

先生の名著『死刑廃止論』（有斐閣、初版一九九一年）につきましては、初版刊行直後に日弁連の機関誌にその書評も書かせて頂きました（自由と正義一九九二年三月号）。

団藤先生のご労作にけちをつけるようで恐縮しますが、現在の死刑廃止論の泣き所は究極のところ、犯罪によって被害を受けた被害者の被害感情を解決する何らかの手法を、自信をもって提示することができないことだとひそかに考えています。

単に冤罪（無実の罪）を冒す恐れのある国家が、権力によって（死刑という）新たな殺人を犯すことが正義・人道に反するものだといって熱心な死刑廃止の運動を起こすだけでは、大変な片手落ちだという気がいたします。

内観法はこれからの死刑廃止論者や運動家に対して、ささやかなアンチテーゼとしての寄与貢献をあたえる一つの方法として、次第に話題を呼ぶことであろうと期待しています。

六　自分さがしの内観

本書の主たる目的は内観法の学問的原理を解明することにありました。そのため第一章から第一〇章までは内観法をどこまでも心理療法として観察し理論化しました。しかし吉本伊信はこれを健康な人々の精神修養法として開発したのです。ですからわれわれは根源にもどって本節では、内観法を自己洞察、自己発見、自分さがしの技法として考察することにいたします。

ここに一人の「自分探しの内観」をやってみたいと切実に思う人があったとします。「自分さがしの内観」と名付けますと仰々しく聞こえますが、それは次の事例にお示しするような、ごく普通の健康な人の内観のことです。

内観に全く不案内の人はどのようにして各地の内観研修所にアクセス（接近）したらよいのでしょうか。その方法について先ずお話しいたします。

すでに第一章でお話ししましたように国内には、かなりの数の内観研修所があります。それらの内観研修所には病気の人や非行者は訪れません。その殆どは健康な人々のやる自分さがしのための施設であり、個人・社員・職員の研修の施設です。こうした内観研修所はたいていの場合、父ちゃん母ちゃん中心でやっている極めて家庭的なただずまいですから、その経営状態は一〇～二〇年程度のサイクルで激しく変化します。そのため一般の人から現時点で果たしてどの内観研修所がお勧めできるものですかと尋ねられましても、にわかにはお答えできません。

内観愛好者の機関誌として、「自己発見の会」（本部＝☎六三九－一一三九　大和郡山市高田口九－一　内観研修所）から隔月発行の『やすら樹』という小冊子（定価三〇〇円）が出ています。この冊子の末尾には、その時点で自己発見の会が推薦できる内観研修所一二箇所程度の記載があります。その他に、日本各地で行われている「内観セッション」の日時、場所などのお知らせページがあります。

一例を挙げますと、東京渋谷の青山学院大学では内観初心者向けの啓蒙的懇談会が、三カ月毎に行われています（問い合わせ＝〇三－五四二〇－三四七八　主宰者石井光教授、参加費無料）。

最後は「自分さがし内観」の事例です。父を亡くして悲しみの涙に暮れ元気を失っていた病院の若い女性新入職員が、院長に勧められて内観しました。この病院では四〇〇人近い職員のうち八〇％が内観体験者だといわれています。

内観によって彼女がどのように自己を探し求め、そのような新しい自己を発見したか、その状況を彼女自身の内観体験記によってご紹介したいと思います。

目に見える傷は、今までたいてい自然に治って行きました。しかし父を失ったことによってできた心の傷を隠したりごまかし通すことは決してできません。

札幌太田病院に勤めるようになって初めて内観を知りました。内観をすすめて行くにつれ、それまで父のことを思うとただ悲しくて涙するばかりでしたが、その涙が喜びと感謝と喜びの気持ち、明るくうれしい気持ちへと変わり、父の死を悲しむのでなく、父と母の子として生まれたこと、育ててくれたこと、そしてなによりも、父や母に出会えたことが喜びのもとなんだと気づかされ、やさしく穏やかな気持ちが大きく膨らみ、心が柔らかくなったことが自分に感じられるようになりました。内観によるこのような気持ちの一大変革に出会えたその時の感覚は、今でも忘れることはありません（小田部麻理『やすら樹』一九九九年五月号三二頁）。

この内観者の場合、自己を哀れむ気持が内観実習によって歓喜の心情へと激変しています。内観による記憶の再構成がご自分の人生の生き方を根底から変えているのに、その変化の態様の柔らかさ、穏やかさ、清浄さはまさに内観特有のものだといえます。

あとがき

内観法の実践指導者になるには、半日の指導面接見習いをすればそれで十分だといわれます。ところが内観法がなぜ効くかを解明しようとしますと、これほど難しいことを長々とご説明しなくてはならないのです。

内観技法とは記憶の再構成からなる自己心理療法だという仮説がわたくしの内観法原理の大前提になっています。その記憶再構成論の中心には、父母兄弟等の内観対照群という反射鏡に自分自身を映して自らを観察するというもう一つの仮説が組み込まれています。内観三項目という単純パターンのテーマが日に何百回となく高頻度で神経回路を通過しますと、やがてその反射鏡の上には巌のような共感が発現し、それによって人間の神経回路の接続の増加が急速に実現されてゆきます。

この仮説は、大脳神経が二〜三日のうちにそのような神経回路の活性化を作り出すという特性（可塑性）をもつという科学的裏付けの上に成立するのです。

内観者はやがて観察する自己と観察される自己を自己自身のうちに創造し厳しく対決します。そして醜い防衛的自我に気づき、それを打ち砕き、内観法究極の自己洞察としての清浄な真の自我を発見します。そこからありとあらゆる臨床効果が発現することになるのだろうと考えられます。

読者の皆様は果して右のような仮説やそれを取り巻く難解な哲学、臨床心理学、大脳生理学の理論体系を十分にご理解いただけましたでしょうか。

わたくしの内観法原理は、一九六三年にノーベル生理学・医学賞に輝いたＪ・エックルスが発見した大脳高次機能（抑制性シナプス理論）の科学的知見に基礎をおいています。

エックルスの大脳高次機能理論を否定するほどの大脳生理学理論は今日まだ現れてはいませんが、もし万が一エックルスの確立しました大脳神経科学が将来否定される日が来ましたときは、ヘーゲルのいう精神の自己否定とかブッダの説いた欲望の抑制という精神の根本法則は、昔からそう言われていますように観念論哲学にすぎないものになります。そうなりますとわたくしの内観法論もたちまち科学の裏付けを欠く、単なる観念論に成り下るでしょう。

次に、内観法の近い将来の発展方向を私なりに予測しておきたいと思います。

内観を活用する短期精神療法（ブリーフサイコセラピー）の急速な発展によりまして、今まで年で数えていた分裂病を代表とする精神障害者の治療期間は、週で数える程度に短縮されつつあります。のみならず内観の効果が出るのは従来「一週間」とされていましたが、今日内観適用の短期精神療法の実践では、二〜三日という症例も時に耳にするようになりました。

社会の孤島ともいうべき精神科病棟の一角に内観という光が射し込み、思いもよらない革命が起こりつつあるように思われます。もう一つの孤独な孤島である老人性痴呆棟でも、内観療法を試みようとする精神神経学者が現れつつあります。大脳神経の可塑性が年齢に関係なく発現するとする大脳生理学的知見がそうした学者を奮い立たせているように思われます。

人類の未来は決してバラ色一色ではありません。今日我が国では、明治以来の国民国家という共同社会が猛烈なスピードで崩壊に向かっているように見えます。吉本の作った内観システムは、地球という天地を含む生命有機体につながって存在する優しさのなかにある競争原理を基本におくことを大前提にしています。その中で親子、友人、近隣、動物の愛護といった睦み合う普通の意識の世界が急速に不透明になりつつあります。

日々の労働の上に成り立っていた人々の生活が、姿かたちのないグローバルな金融経済に強く改革を迫られているからです。人びとがこの不可解な急流に流されて行きますと、万有相関・連帯に基づく自己抑制の内観法原理に近づこうとする人の姿もまばらになる時代がきっと来るでしょう。

グローバル化が進むそんな世の中で内観法が人々の心に浸透することは、ますます難しくなるでしょう。

しかもその反面、心の弱い人々は孤立・孤独から心身症や精神疾患に追いやられ、繁栄するちまたの裏面には心を病む人びとがあふれ返ることになります。

暗い時代の接近によって心身症や病気とも言えない不登校生徒や老人性痴呆症の人々は年々増加し続けています。そのような時代への精神保健対策を一日も早く人々に気づかせ、こうした社会病理的現象を一日も早く食い止めますためにも、内観を組み込んだ短期精神療法（ブリーフサイコセラピー）が新しい精神医療界に大胆かつ細心に取り入れられるべきだと思います。

著　者

〔著者紹介〕

波多野二三彦（はたの・ふみひこ）

1928年生れ。最高裁家庭局事務官，検事を経て，現在弁護士。
元岡山刑務所・岡山少年院篤志面接委員。1984年同志と共に社会福祉法人岡山いのちの電話協会を設立、初代事務局長。1989年大正大学カウンセリング研究所非常勤講師。

＊　＊　＊

森永砒素ミルク中毒被害者弁護団岡山事務局長として、1973年ＡＤＲ（裁判外紛争解決機関）を側面から援助。4ヵ月足らずで、被害児全員（約16,000人）の生涯救済を、当事者の合意で成立させた。森永乳業がこのために支出した金額は、1999年1年間だけでも15億円を超える。

被害者たちが砒素中毒に罹っても、事件発生後、18年間も弁護士にアクセスできなかったのは、権利保護保険がなかったからだと痛切に悟り、1978年以来、権利保護保険創設の研究に挺身。2000年7月、世界に例を見ない独自の制度が我が国に創設された。

〈主著〉

西ドイツ少年裁判所法・同法基準（訳書）（最高裁家庭局刊，1956年）
出会いと共感（カウンセリングマインド）（山陽図書出版𩝐 第3版，1998年6月）

内観法はなぜ効くか―自己洞察の科学〔第3版〕

2000年（平成12年）10月20日　第3版第1刷発行

著　者　波多野二三彦
発行者　今井　貴
　　　　渡辺左近
発行所　信山社出版株式会社
〔〒113-0033〕東京都文京区本郷6-2-9-102
電話　03（3818）1019
FAX　03（3818）0344

Printed in Japan.

印刷・製本／松澤印刷・大三製本

ISBN-4-7972-2179-8 C3332

事項索引

〈あ　行〉

〈か　行〉

〈さ 行〉

事項索引

〈た　行〉

〈な　行〉

〈は　行〉

事項索引

人名索引

人名索引

〈や　行〉

〈ら　行〉

〈わ　行〉

内観事例索引

〈あ　行〉

〈か　行〉

〈さ　行〉

〈た　行〉

〈な　行〉

〈は　行〉

〈ま　行〉

〈や　行〉

〈わ　行〉